Die Schöpfung aus dem Nichts

Kontemplation

MIEKE MOSMULLER

DIE SCHÖPFUNG AUS DEM NICHTS

—

KONTEMPLATION

OCCIDENT VERLAG

Band MM 51

ISBN 978-3-946699-08-8
Alle Rechte vorbehalten
Copyright © Occident Verlag, Baarle Nassau 2018
Internet: www.occidentverlag.de
E-Mail: info@occidentverlag.de
Grafische Gestaltung: Carina van den Bergh
Umschlagabbildung: Schedelsche Weltchronik, Hartmann Schedel, 1493.

INHALT

Die Schöpfung aus dem Nichts — 9

ERSTE STUNDE — 11
Zürich, 7. April 2018

ZWEITE STUNDE — 29
Zürich, 7. April 2018

DRITTE STUNDE — 47
Zürich, 7. April 2018

VIERTE STUNDE — 63
Zürich, 7. April 2018

ZUSAMMENFASSUNG — 75

Kontemplation — 77

ERSTE STUNDE — 79
Bern, 8. April 2018

ZWEITE STUNDE — 95
Bern, 8. April 2018

DIE SCHÖPFUNG AUS DEM NICHTS

Vortrag mit Übungen in Zürich

7. April 2018

ERSTE STUNDE

Zürich, 7. April 2018

Es ist kein leichtes Thema für einen Frühlingstag. Ich denke, dass wir heute viel Denkarbeit leisten müssen, um dieses Thema aus dem Nichts schöpfen zu können. Denn was haben wir anderes für dieses Nichts zur Verfügung als das Denken, das ist doch unser Nichts.

Ich habe - ich denke, dass das schon wieder 30 Jahre her ist - in Den Haag Vorträge gehalten, und da war immer ein Freund dabei, der kein Anthroposoph war, aber er kam doch zu diesen Vorträgen, und er sagte dann immer zu mir: Wie ist das nur möglich, dass du eine ganze Stunde über nichts sprechen kannst? Also scheinbar tat ich das damals auch schon.

Ja, ich möchte dann mit einem geliebten Zitat anfangen, aus ‚Wahrheit und Wissenschaft'.

‚Der Umstand, dass das Ich durch Freiheit sich in Tätigkeit versetzen kann, macht es ihm möglich, aus sich heraus durch Selbstbestimmung die Kategorie des Erkennens zu realisieren.'

Das ist das eine.

‚[…] während in der übrigen Welt die Kategorien sich durch objektive Notwendigkeit mit dem ihnen korrespondierenden Gegebenen verknüpft erweisen.'

Das ist das andere.

Dies ist es, was Rudolf Steiner in seinem Buch ‚Wahrheit und Wissenschaft' so wunderbar sagt, und am Anfang des Kapitels, in dem dieser Satz steht, hat er den Satz eigentlich schon ganz ausgearbeitet.

Also zuvor steht das beschrieben, was er dann in *einem* Satz noch einmal erklingen lässt.

In diesem Satz steht die Quintessenz der *„Schöpfung aus dem Nichts"*. Und wenn wir uns mit der Schöpfung aus dem Nichts beschäftigen wollen, dann gehen wir eigentlich zu diesem hin; ich fange damit an, aber eigentlich ist es nicht der Anfang, sondern der Punkt, nach dem wir streben.

Ich glaube, dass man sagen kann: Wenn man die Erkenntnistheorie Rudolf Steiners liebt, dann bedeutet das schon, dass eine Sehnsucht nach Erkenntnis der Wirklichkeit existiert; dass eigentlich dasjenige, was Kant uns vorgeführt hat - nämlich, dass wir mit der Erkenntnis die Wirklichkeit nicht erreichen -, in uns eine gewisse Aufregung verursacht, es nicht akzeptieren zu können, dass wir als Mensch in die Welt gestellt sind und dass es so sein sollte, dass wir mit dem Erkennen nur in unsere eigenen Vorstellungen eingehüllt bleiben und nicht zu der wahren Wirklichkeit vordringen.. Eine Wirklichkeit, von der ich auch sicher weiß, dass ich es mit der wahren Wirklichkeit zu tun habe.
In ‚Wahrheit und Wissenschaft' hat Rudolf Steiner dann ausführlicher und deutlicher als in der ‚Philosophie der Freiheit' - die natürlich schon wieder ein nächstes Werk ist - ausgeführt, wodurch wir uns in der Erkenntnis von der Welt getrennt fühlen. Dass wir uns von der Welt getrennt fühlen, hat nach Rudolf Steiner damit zu tun, dass wir in unserem Bewusstsein dasjenige, was eigentlich in der Welt vereinigt ist, für den Erkenntnisprozess in eine Trennung bringen, wodurch es zwei Welten gibt, die Welt der Wahrnehmung und die Welt des Denkens. Im Erkennen fügen wir diese zwei in Wirklichkeit nicht getrennten Welten, für unser Bewusstsein aber sehr wohl getrennten Welten, wieder zusammen.

So kommt Rudolf Steiner dann dazu, uns eine Ahnung davon zu geben, dass es einen grundlegenden Unterschied gibt zwischen dem, was in allen anderen Dingen als Wirklichkeit vorhanden ist, und dem, was in uns selbst die Wirklichkeit ist. Eine erschütternde Selbsterkenntnis leitet er an. In *uns* selbst ist zunächst diese Wirklichkeit, die *außen* in einer Vereinigung da ist, getrennt. Und er sagt dann:

‚Das Erkennen vollzieht die Trennung, weil es sich auf seine Art nicht in den Besitz der Verbindung setzen kann, wenn es nicht vorher getrennt hat. Begriff und gegebene Wirklichkeit des Bewußtseins sind ursprünglich getrennt und die Verbindung ist das abgeleitete und deswegen ist das Erkennen so beschaffen, wie wir es geschildert haben. Weil im Bewußtsein notwendig Idee und Gegebenes getrennt auftreten, deswegen spaltet sich für dasselbe die gesamte Wirklichkeit in diese zwei Teile, und weil das Bewußtsein nur durch eigene Tätigkeit die Verbindung der beiden genannten Elemente bewirken kann, deshalb gelangt es nur durch Verwirklichung des Erkenntnisaktes zur vollen Wirklichkeit. Die übrigen Kategorien wären auch dann notwendig mit den entsprechenden Formen des Gegebenen verknüpft, wenn sie nicht in die Erkenntnis aufgenommen würden. Die Idee des Erkennens kann mit dem ihr entsprechenden Gegebenen nur durch die Tätigkeit des Bewußtseins vereinigt werden. Ein wirkliches Bewußtsein existiert nur, wenn es sich selbst verwirklicht.'

Das ist also das Wunder, dass wir durch die Erkenntnistheorie Rudolf Steiners kennen lernen, dass wir uns daran gewöhnen können, zu erleben, dass die ganze äußerliche Wirklichkeit, außerhalb meines Bewusstseins, schon in einer Vereinigung von Ding und Idee lebendig ist, dass aber in mir, in meinem Bewusstsein, diese beiden getrennt auftreten: Da ist das Ding, hier ist meine Idee. Und wenn ich dann die Erkenntnis vollziehe, wenn ich den Erkenntnisakt vollziehe, dann bedeutet das, dass ich in meinem Bewusstsein dasjenige, was ursprünglich getrennt ist, in eine Vereinigung bringe, und damit verwirkliche ich mich selbst, und das ist eigentlich Grundsatz der Anthroposophie: Dadurch, dass man den Erkenntnisakt ausführt, schafft man auch fortwährend sein Ich.

Hier haben wir die Bewusstseinsseele in ihrer reinsten Entfaltung. Dasjenige, wohin wir streben, jetzt in der fünften nachatlantischen Kulturepoche, die Bewusstseinsseele - wir sind noch mitten in dieser Entwicklung, aber wir streben eigentlich zu diesem Punkt hin -, ist, dass das Bewusstsein in sich selbst erkennen lernt, dass das Ich sich eigentlich nur erhalten kann, wenn es den Erkenntnisakt mehr oder weniger kontinuierlich ausführt.

Und man braucht eigentlich - das ist jedes Mal mein Erlebnis, wenn ich so ein Seminar vorbereite - die Dinge nicht so sehr selbst zusammenzutragen, denn sie tragen sich in gewissem Sinne selbst zusammen. Wir hatten gestern Abend das Studium der ‚Philosophie der Freiheit' und waren beim sechsten Kapitel angelangt, und darin wird der Standpunkt der Bewusstseinsseele in der menschlichen Individualität anhand desjenigen, was eine Vorstellung ist, ganz deutlich ausgeführt. Während man so etwas dann mit Einsatz des Willens studiert, spürt man, erlebt man sehr deutlich, dass hier in diesem sechsten Kapitel die Bewusstseinsseele *entsteht*, dass man sich seiner selbst als erkennender Mensch ganz deutlich bewusst wird, dass aber zu gleicher Zeit schon der Schritt vorbereitet wird, mit dem man von dem fünften zu dem sechsten Zeitalter übergeht. Das wird so vorbereitet, dass man schon ganz leise darauf hingewiesen wird, dass man mit dem Erleben seines Standpunktes in der Welt eigentlich ganz mit sich selbst verwachsen ist, dass man aber - wenn man die menschliche Individualität in der Welt wirklich kennenlernen will und seine Vorstellungstätigkeit kennenlernen will - einen Schritt aus sich heraus machen muss und das Erlebnis erreichen muss, dass man selbst, als Individualität, *in der Welt innerhalb der Dinge steht*. Dass man also von außerhalb auf sich selbst zurückschaut und dann sieht: Ich bin ja selbst Teil der Welt, ich bin nicht nur meine eigene Welt, worin ich ganz mit mir selbst verwachsen bin und alles aus mir selbst, aus meinem Standpunkt heraus, anschaue und dann das Gefühl habe, die Dinge kann ich nicht erreichen - nein, ich habe auch die Möglichkeit, mich mit dem Denken so zu stellen, dass ich mich selbst innerhalb der Welt, in gewissem Sinne gleichwertig mit allen anderen Dingen und nicht so aufgeblasen in mir selbst, erlebe.

Das war gestern Abend in der ‚Philosophie der Freiheit' der Punkt, den wir erreicht hatten, und darin liegt genau der Übergang von der Bewusstseinsseele zu Manas, von der fünften Epoche zur sechsten Epoche. Und, ja, da liegt eigentlich auch der Übergang von demjenigen Erkennen, das als Subjekt-Objekt-Erkenntnis bekannt ist, zu demjenigen Erkennen, das darüber hinausgeht und das nicht nur als Erkenntnis, sondern auch als Erleben und sogar als Tun etwas ist, was über die Notwendigkeit der Einheit der Dinge mit sich selbst hinausgeht.

Ich könnte natürlich den Vortrag aus GA 107, ‚Geisteswissenschaftliche Menschenkunde',[1] als Referat wiedergeben, und in gewissem Sinne mache ich das auch, aber wir brauchen natürlich doch den großen Zusammenhang. Und dann ist es nicht so leicht, den Punkt zu finden, wo man eigentlich anfangen muss.

Es hat in der Geistesgeschichte der Menschheit schon lange Zeit diesen Begriff ‚creatio ex nihilo' gegeben, und zuvor, in der indischen Kultur, hat man auch von einer Schöpfung aus dem Nichts gewusst. Aber der Inder hatte noch die Erkenntnis, dass die Existenz des Menschen im Raum und in der Zeit Maja ist, dass das eine Illusion ist, und er hat dann gewusst: Es gibt noch ein andere Realität, die nicht im Raum und nicht in der Zeit verläuft, sondern die in diesem Sinne eigentlich ein Nichts ist, weil Raum und Zeit keine Rolle spielen. Aber dabei wurde das Nichts nicht als Null aufgefasst, sondern so wie im Faust, wo das Nichts eigentlich das All ist und überhaupt nicht Nichts, sondern nur nicht raum- und zeitbedingt.

Augustinus hat den Begriff ‚creatio ex nihilo' in die christliche Tradition eingeführt, und für ihn war es eigentlich so - er hat schon viel mit einer Art Bewusstseinsseelenqualität nachgesonnen -, dass er sich eigentlich nicht vorstellen konnte, dass die göttliche Schöpfung immer nur aus Verwandlungen besteht, aus Transformationen, Metamorphosen; dass er eigentlich denken musste, es habe einmal ein Nichts gegeben, und aus diesem Nichts hat der Gott geschaffen. Ich habe bei ihm nicht gefunden, was dann vor dieser Creatio schon da war, denn da war natürlich schon etwas, sonst hätte es auch Gott nicht gegeben - in seiner Vorstellung gab es davor scheinbar nichts, und dann fängt es an, die Kreation. In der späteren Zeit gab es einen Gegensatz bei Leibnitz, der Gott als den vollkommen Uhrmacher ansah, der die Welt geschaffen hat, von Anfang an vollkommen, und

---
[1] Rudolf Steiner, Geisteswissenschaftliche Menschenkunde, GA 107, 19. Vortrag, 17.06.1909.

die Uhr muss dann nur noch weiterlaufen. Augustinus hat jedoch die Idee der ‚creatio continua', also einer Schöpfung, die einmal stattgefunden hat, aber immer noch weitergeht. Das sind zwei andere Gesichtspunkte in Bezug auf die göttliche Schöpfung.

Bei Rudolf Steiner finden wird dann die große Schöpfungsperspektive, wo er sagt, wir können mit unserem hellseherischen Blick eigentlich nicht bis vor den Alten Saturn schauen, aber was der Hellsichtige aus den Zusammenhängen doch weiß, ist, dass es zuvor eine andere Planetenkette gegeben hat, dass diese zu einem Punkt von Vollkommenheit gekommen ist und dass am Anfang unserer heutigen planetarischen Entwicklung diese Vollkommenheit wie eine Erinnerung in unsere Schöpfung hineinwirkt. Dies ist also nicht eine Substanz aus der vorherigen planetarischen Kette, sondern es ist in gewissem Sinne ein Nichts, aus dem unsere heutige planetarische Kette geschaffen wird. Aber dieses Nichts ist eine Erinnerung an dasjenige, was vorher schon in einer vollkommenen Schöpfung geendet hatte. Da kommt man auf so etwas wie ein riesiges, enorm großes Bild einer Pflanze, die einen Keim hinterlässt, und der Keim wächst dann neu; nur dass dies bei der göttlichen Schöpfung so groß und gewaltig ist, dass sich da nicht immer dasselbe wiederholt, sondern immer wieder Neues entsteht.

Das ist es, was Rudolf Steiner in der großen Weltentwicklung als Schöpfung aus dem Nichts darstellt. Am Anfang, im Anfang war das Wort - vielleicht kennen Sie Rudolf Steiners Vortragsreihe ‚Vorstufen zu dem Mysterium von Golgatha'; darin gibt es einen Vortrag, wo Rudolf Steiner - nicht wie Faust, sondern als Rudolf Steiner - die Anfangssätze des Johannesevangeliums umformt. Aus ‚Im Anfang war das Wort' wird ‚Im Anfang war der Gedanke', und der dritte Schritt ist: ‚Im Anfang war die Erinnerung'. Und das ist eigentlich in der großen Weltentwicklung die Schöpfung aus dem Nichts: Dass eine neue planetarische Kette entsteht und sich entwickelt, aus dem Nichts, aber das Nichts ist die Erinnerung an die vorherige Vollkommenheit. Und wenn wir also sagen, im Anfang war das Wort, im Anfang war der Gedanke, im Anfang war die Erinnerung, sollten wir es uns so vorstellen.

Aber dann kommt der Mensch. Und da führt Rudolf Steiner aus, dass es in der Entwicklung zwei große Prinzipien gibt, die Evolution und die Involution. Wenn wir jetzt in die Natur hinausgehen, sehen wir, dass die äußerliche Evolution in Gang kommt, die ganze Natur evolviert und kommt in die Sichtbarkeit. Und wenn es dann Herbst wird, zieht sich diese Ausbreitung wieder in sich selbst zurück, der Keim entwickelt sich und kommt in die Ruhe hinein, und dieser Prozess, der dann wiederum bis zum nächsten Frühling dauert, ist die Involution.

Wir werden später versuchen, das auch meditativ zu vertiefen, damit wir fühlen und erleben lernen, was eigentlich diese Evolution und Involution bei der Pflanze ist. Rudolf Steiner sagt, die Pflanze hat ja keinen Astralleib, zwar um sich herum, aber nicht mit sich vereinigt, und deshalb ist es ein Jahresrhythmus, ein Rhythmus, der durch den Jahresverlauf stattfindet, Evolution und wieder Involution. Der Mensch hat das in ähnlicher Weise bis zu seinem siebten Lebensjahr, aber man darf nicht vergessen, dass beim Menschen schon höhere Wesensglieder mit tätig sind, nur sind sie dann noch nicht frei, sondern innerhalb seiner Organisation mit tätig.

Beim Tier gibt es neben dem Ätherleib noch den Astralleib. Und weil das Tier einen Astralleib hat, kann es sich weiter entwickeln als eine Pflanze und wird meistens auch älter, kann so lange leben, bis die Entfaltung des astralischen Leibes alles gegeben hat, was gegeben werden konnte, und dann stirbt das Tier, geht in gewissem Sinne wieder auf in dem Gruppen-Ich der Tiere. Das Tier selbst hat kein Ich und kann nicht über jene Schwelle hinaus leben, wo das Astralische seine Wirksamkeit ganz ausgeschöpft hat.

Der Mensch aber kann dies, weil er auch noch ein Ich hat. Und wir müssen uns vorstellen, dass dieses Ich schon im Babyalter am Menschen arbeitet, sich dann eigentlich ganz mit der leiblich-ätherisch-astralischen Organisation beschäftigt, bis es in der Erwachsenheit ganz frei wird. Und dann kommt etwas zustande, eine Möglichkeit, die nicht nur Wachsen, Gedeihen und Welken in sich trägt, nicht nur

Trieb, Begierde, Lust, Unlust, Bewegung, sondern auch noch etwas, was einer Entwicklung fähig ist. Und weil durch das Ich eine Entwicklung möglich ist, kann der Mensch nicht nur viel länger leben, denn er hat viele, viele Jahre zur Verfügung, um sich diese Entwicklung zu eigen zu machen, sondern er hat dann auch so viel in sich aufgenommen, dass er dies über das Sterben hinaus mitnimmt und eigentlich dann erst verarbeiten kann. Was er dann nach dem Tod verarbeitet, fügt sich seiner Wesenheit hinzu, und er kommt bereichert wieder auf die Erde zurück und macht wiederum eine neue Entwicklung durch, zunächst 21 Jahre lang mehr oder weniger gebunden, doch nach dem 21. Jahr zwar auch noch gebunden durch das Karma, aber nicht nur, er hat dann auch eine Entwicklungsfreiheit.

Rudolf Steiner beschreibt in diesem erwähnten Vortrag 1909, dass jeder Mensch im Erwachsenenalter diese Entwicklung mehr oder weniger vollzieht. Es ist also nicht so, dass man Anthroposoph werden muss, um sich nach dem 21. Jahr weiterzuentwickeln und sich in eine geistige Evolution zu begeben. Dazu braucht es nicht die Anthroposophie. Die Anthroposophie wird eigentlich erst wichtig, wenn es um den Übergang von der Schöpfung aus dem Geist zu der Schöpfung aus dem Heiligen Geist geht. Die erste Schöpfung aus dem Nichts macht jeder Mensch.

Aus dem, was Rudolf Steiner da beschreibt, was also diese Schöpfung aus dem Nichts in jedem erwachsenen Menschen ist, zeigt sich eigentlich sehr deutlich, dass es alles Vorgänge im Leben sind, die nicht der Notwendigkeit angehören. Man tut als Mensch im Leben sehr, sehr viel, was man eigentlich nicht zu tun braucht. Und ich habe darin - das ist gleichsam in Klammern gesagt - wiederum den großen Unterschied zur orientalischen Philosophie erlebt, denn da ist das höchste Ziel, dass man ganz im Jetzt, in der Andacht, in der Achtsamkeit sein kann und nicht darüber hinausstrebt, großes Beispiel ist Krishnamurti. Und in der anthroposophischen Menschenerkenntnis, wie Rudolf Steiner sie gibt, ist das Schöpferische im Menschen gerade nicht das, was im Jetzt gegeben ist, sondern das, was der Mensch selbst daraus macht und was er eigentlich nicht zu tun braucht. Alles, was eigentlich, soweit ich es kenne, im Calvinismus sündhaft ist - Dinge zu tun, die eigentlich nutzlos sind, gar keinen Nutzen haben -, das gerade ist das Gebiet, wo der Mensch aus dem Nichts schöpft und *sich neu schafft*. Da wird man ein neuer Mensch, weil man sich nicht nur an dasjenige hält, was karmische Notwendigkeit ist, leibliche Bedingung, Blut, Boden und so weiter, sondern sich mit demjenigen in der Welt beschäftigt, was nicht zu einem selbst gehört und was man mit *der Kategorie Beziehung* bezeichnen könnte.

Und als ich das gelesen habe - ich habe es schon mehrmals gelesen und jetzt wieder neu aufgenommen -, kam mir eine Erinnerung an die Ausführungen, die Rudolf Steiner über den Raum machte, wie er es bei Goethe erkannt hat. Das werden wir später in einer Übung versuchen. Er hat es als Herausgeber von Goethes naturwissenschaftlichen Schriften aufgeschrieben, wir finden es in seinen ‚Einleitungen zu Goethes Naturwissenschaftlichen Schriften', GA 1. Wenn man das meditativ durchlebt, bekommt man wirklich eine gute Vorstellung von demjenigen, was eigentlich Beziehung ist, Relation. Wenn man in Beziehungen denkt, fühlt oder auch will, kommt man in ein Gebiet hinein, wo eigentlich die Notwendigkeit der Dinge aufgehört hat und man sich in einem Gebiet befindet, wo man wirklich erleben kann: Da bin ich in etwas, was ein Nichts ist, wo dasjenige, was etwas war, eigentlich ganz aufgehört hat.

Rudolf Steiner beschreibt diese Schöpfung aus dem Nichts so, dass eigentlich alles, was ich durch logisches Denken erkenne und was über die notwendige Erkenntnis hinausgeht, eine Schöpfung aus dem Nichts ist. Er gibt das Beispiel, dass etwas gestohlen wurde und man eine Ahnung hat, wer der Dieb ist. Man kann ganz im Gegebenen bleiben, aber man kann sich auch Gedanken darüber bilden, wie sich alles ereignet hat, und das geht über die Notwendigkeit hinaus, das braucht man nicht zu tun. Es gibt in der Literatur natürlich schöne Beispiele. Vielleicht kennen Sie Sherlock Holmes, ein Privatdetektiv in der englischen Literatur (Arthur Conan Doyle), der vorzüglich das Denken einsetzt, um Verbrechen zu lösen. Er geht immer über das Notwendige hinaus. Die Polizei arbeitet ganz in alledem, was man so gelernt hat und was jeweils die Notwendigkeit ist, aber er hat ein freies Denken und geht mit seinem Denken darüber hinaus und findet in diesem ‚darüber hinaus' dann die Lösung. Man kann sagen, das sei doch banale Literatur, aber das ist es gar nicht; es ist sehr lehrreich, das mitzuerleben, den Kontrast zwischen jemandem, der in den Dingen drin ist und denkt, und jemandem, der heraustritt und dann aus einer Überschau heraus Dinge denkt, die gar nicht so üblich sind.

Also das ist Schöpfen aus dem Nichts. Da wird über die Sachverhältnisse hinaus nachgedacht, nicht mit einem phantastischen Denken, sondern mit Logik. Und es gibt natürlich viele Lebenssituationen, in denen man das tut, man spekuliert viel, und man könnte natürlich sagen, das müsste man gar nicht tun, aber bei Rudolf Steiner lernen wir, dass gerade *das* das Gebiet ist, wo wir aus dem Nichts schöpfen, und dadurch entwickeln wir uns neu. Wenn wir ganz in den Sachverhalt hineingehen, führen wir nur aus, was schon da ist, führen es vielleicht noch weiter, aber so, wie es vorgesetzt ist. Wenn wir aber darüber hinausdenken, schöpfen wir aus dem Nichts und bereiten so eine neue Zukunft vor, nicht nur für uns selbst, sondern auch für die Welt. Das sind wunderbare Gedanken, die man so geboten bekommt. Also nicht nur das, was sich nüchtern ergibt, sondern eine Art künstlerischer Tätigkeit im Denken gibt die Schöpfung aus dem Nichts.

Das zweite ist, das man das auch im Erleben tut. Dass man zum Beispiel - das ist das Beispiel was Rudolf Steiner sieht -, wenn man zwei Menschen gegenübersteht, die ein Verhältnis zueinander haben, daran ohne Interesse vorbeigehen kann und dies gleichgültig überhaupt nicht sehen kann, dass sie ein Verhältnis haben, man kann aber auch darüber entzückt sein, was man zwischen diesen beiden Menschen sieht, oder man kann sich natürlich auch leidvoll gestimmt fühlen, wenn man diese zwei Menschen in ihrem Verhältnis zueinander sieht. Dann schöpft man aus dem Nichts. Das Leben braucht nicht unmittelbar mein Erleben. Aber wenn ich es habe, wenn ich es entwickle, kommt etwas in der Weltentwicklung und in mir selbst hinzu, wodurch Entwicklung entsteht und nicht nur ein pflanzliches, tierisches Dasein da ist, das sich immer wiederholt und nie in Entwicklung kommt.

Das gilt dann auch für die Handlung. Man kann in seinen Handlungen durch das Karma geführt sein, das dann auch stark von Sympathie und Antipathie getrieben wird, man kann aber auch eine höhere Pflicht erfüllen und auch erfühlen - und diese Pflicht dann höher stellen als dasjenige, was uns durch Sympathie und Antipathie triebhaft zur Handlung veranlasst. Das ist auch eine Schöpfung aus dem Nichts.

Wir haben also ein Denken, Fühlen und Wollen, das nicht notwendig ist für den Gang der Welt, das nicht seine Verbindungen mit demjenigen hat, was einfach gegeben ist, sondern das frei darüber hinausgeht. Das ist eine rein menschliche Möglichkeit, die auch eigentlich durch alle in unserer Welt lebenden Menschen wirklich ausgeübt wird. Auch Menschen, die nicht Anthroposoph sind, bilden sich alle möglichen Vorstellungen und logischen Urteile und haben künstlerische Empfindungen und Erlebnisse und erfüllen Pflichten, die sie sich selbst auferlegen, und das ist alles *Schöpfung aus dem Nichts*.

Es ist auch Schöpfung aus dem Nichts, wenn man aus Freiheit schlimme Urteile formt, unwahre Urteile, wenn man schlechte Gefühle hat, hässliche, oder wenn man Hass in Bezug auf eigentlich schöne Dinge fühlt, wenn man dasjenige, was das Karma auferlegt, willentlich nicht ausführt, das geht auch, dann steht man an der anderen Seite dieser Schöpfung aus dem Nichts, schöpft auch aus dem Nichts, aber hemmt eigentlich die Entwicklung. Es liegt aber doch in derselben Region der menschlichen Tätigkeit, in der freien Entfaltung der menschlichen Wesenheit.

Und dann haben wir eine Steigerung von dieser Schöpfung aus dem Nichts, wenn wir von der Bewusstseinsseelentätigkeit übergehen können zu der Manastätigkeit, wo der Heilige Geist uns beseelt. Und das ist das, was die *Schöpfung aus dem heiligen Geist* genannt wird. Das ist *eine Erhöhung* dieser Schöpfung aus dem Nichts. Da wird der Mensch so frei bewusst, dass er sich für das Wahre, das Schöne und das Gute entscheiden kann. Dann geht das Denken im Suchen der reinen Wahrheit über die Notwendigkeit hinaus und geht das

Erleben über Sympathie und Antipathie hinaus und erzieht sich zu einem künstlerischen Erleben, wo man gleichsam über Schönheit und Harmonie jubeln kann. Und da findet der Mensch das Gebiet in der Handlung, wo es möglich wird, dass dasjenige, was man tut, ganz bewusst vollzogen wird, ganz durchdacht wird, wodurch es in das Gebiet der Güte, der Tugend kommt.

Man spürt schon, das ist eine Steigerung, eine Erhöhung dieser Schöpfung aus dem Nichts. Es ist derselbe Prozess, aber man braucht dann eigentlich doch die Anthroposophie. Es gibt natürlich ein Zwischengebiet, wo schon eine Entwicklung zu dem reinen Denken hin, zum künstlerischen Erleben und zu moralischen Antrieben da ist. Aber wenn man darin lebt, bekommt man doch eine Sehnsucht nach Erkenntnissen, die stützen können, und dann braucht man eigentlich die Anthroposophie.

Wenn man diese höchste Schöpfung aus dem Nichts, aus dem Heiligen Geist entwickeln will, braucht man tatsächlich eine Stütze. Diese Stütze wurde mit dem Mysterium von Golgatha gegeben. Da braucht man also den Christus, der den Heiligen Geist zu uns sendet.

Ich habe mich viele Jahre hindurch intensiv mit den Kategorien von Aristoteles beschäftigt. Zuerst so, dass ich versucht habe, zu verstehen, was Aristoteles eigentlich sagt, das ist schon nicht so leicht, aber dann immer mehr im Sinne der Anthroposophie, weil Rudolf Steiner am 22. April 1924 einen Vortrag gehalten hat, in dem er über die Mysterien von Ephesus spricht. Da beschreibt er, wie an dem Tag, als Alexander der Große geboren wurde, der Tempel von Ephesus in Flammen aufgegangen ist, durch Brandstiftung vernichtet wurde. Später hat Aristoteles in einer Art von Erinnerung diese Mysterien von Ephesus wieder erlebt, aber nicht so, wie man es sich hellsichtig vorstellen kann, sondern so, dass diese Grundprinzipien der Mysterien von Ephesus, die Mysterien des Wortes waren, in ihm als Grund-Begriffe aufstiegen. Das sind die Kategorien. Das beschreibt Rudolf Steiner am 22. April 1924.

Er sagt dann, dass diese Kategorien eigentlich Buchstaben sind, mit denen man so lesen lernen kann, wie man in einem Buch die Buchstaben zu Worten, Sätzen formt und dann weiß, was da steht. So kann man die Kategorien als Buchstaben lesen lernen. Und mich hat damals der Satz erschüttert, dass Rudolf Steiner sagt: Und eigentlich ist es so, dass alles, was ich als Anthroposophie gebracht habe, mit diesen zehn Buchstaben gelesen wurde. Da hat man die weitreichende Bedeutung der aristotelischen Kategorien.

Das ist für mich Antrieb geworden, aus dem Nichts zu schöpfen, denn sie sind eigentlich nichts, diese Kategorien, man hat nichts in der Hand als nur Begrifflichkeit. Und dann wird deutlich, dass es eine Kategorie gibt, die nicht Nichts ist, das ist die erste Kategorie, Ousia, das Wesen oder das Sein, die Substanz. Aristoteles führt aus, dass dies das einzig Seiende ist und dass alle übrige Kategorien Merkmale der Substanz sind. Er zieht also das Sein ganz in das Ding zusammen, und alle Qualitäten, Raum, Zeit, Bestimmungen und so weiter, die damit zusammenhängen, liest man in dem Ding, wodurch man weiß, was es ist; aber nur das Ding hat ein Sein, und die anderen Bestimmungen sind nicht seiend.

Das kehrt bei Rudolf Steiner wieder, wenn man seine Beschreibung aus ganz jungen Jahren über Zeit und Raum liest. Da wird deutlich, dass er den Raum nicht als eine Art Gefäß sieht, in dem alles hängt und steht, sondern dass er den Raum als mehr oder weniger den Dingen selbst eingeboren sieht. Die Dinge nehmen Raum ein, sie dehnen sich *als* Raum aus, nicht *im* Raum, und so sind wir selbst auch Raum, wir nehmen Raum ein, aber wir stehen nicht im Raum. Was wir als leeren Raum erleben, ist nicht existierend. Das ist eine Umstellung, die man im Raumesbegriff machen muss.

Nun hat man aber diese aristotelische Überzeugung, dass das Ding Substanz ist und alle übrigen Bestimmungen nicht seiend sind, nicht substanziell. Wir können uns den Raum dann nicht als eine existierende Substanz, sondern als Merkmal der Dinge vorstellen. Hier sieht man eine Übereinstimmung zwischen Aristoteles und Steiner.

Das können wir erkennen lernen, wenn wir die Kategorien studieren.

Aber es gibt noch eine Kategorie unter diesen zehn aristotelischen Kategorien, die als etwas Besonderes hervortritt. Wir haben die zehn Kategorien Substanz, Quantität, Qualität, Beziehung, Raum, Zeit, Lage, Haben, Tun und Leiden. Und wenn wir diese in dem lebendigen, reinen Denken lebendig werden lassen, dann werden sie differenzierte, wesensartige Begriffe. Substanz ist etwas von den anderen neun sehr deutlich Verschiedenes, aber es gibt noch eine Kategorie, bei der es eigentlich nicht so sehr darum geht, dass es eine Bestimmung der Dinge ist, sondern die sich sehr deutlich unterscheidet. Das ist die Kategorie Beziehung, Relation. Denn da hat man es nicht so sehr mit den Eigenschaft der Dinge an sich zu tun, sondern man hat es mit der anschauenden Persönlichkeit zu tun, die Beziehungen zwischen den Dingen sieht; da braucht man jemanden, der denkt. Natürlich haben die Dinge ihre Beziehungen, aber das ist etwas ganz anderes, als dass sie auch Raum einnehmen oder eine Zeitentwicklung in sich tragen. Dass sie sich so zueinander verhalten, dass man sagen kann, das ist größer als das, dafür braucht es einen Wahrnehmer, der denken kann, und das zieht *eigentlich* diese Kategorie der Beziehung heraus, außerhalb der anderen, und macht sie zu etwas, dem wir unsere Aufmerksamkeit schenken sollten.

Rudolf Steiner erläutert in dem Vortrag über die *Schöpfung aus dem Nichts* gerade diese Kategorie der Relation als eine Kategorie, die mit der Schöpfung aus dem Nichts zu tun hat. Wenn man als Mensch einer Situation gegenübersteht und nicht nur dasjenige beurteilt, was notwendigerweise beurteilt werden soll, oder auch gar nichts beurteilt, weil man keinen Anlass dazu hat; wenn der Mensch dann zum Beispiel das eine mit dem anderen vergleicht oder erlebt, wie die Beziehung zwischen dem einen und dem anderen ist, dann ist man in ein Denk-Erlebens-Element hineingegangen, das mit der Notwendigkeit nichts mehr zu tun hat. Und wenn wir das heute erleben könnten, also nicht nur wissen, sondern auch erleben könnten, dann hätten wir einen festen Punkt gefunden für dasjenige, was nun eigentlich die Schöpfung aus dem Nichts ist.

In ‚Wahrheit und Wissenschaft' finden wir fortwährend den Übergang.

In der ‚praktischen Schlussbetrachtung' steht:

> ‚Wir haben gesehen, daß sich in unserem Wissen der innerste Kern der Welt auslebt. Die gesetzmäßige Harmonie, von der das Weltall beherrscht wird, kommt in der menschlichen Erkenntnis zur Erscheinung. Es gehört somit zum Berufe des Menschen, die Grundgesetze der Welt, die sonst zwar alles Dasein beherrschen, aber nie selbst zum Dasein kommen würden, in das Gebiet der erscheinenden Wirklichkeit zu versetzen. Das ist das Wesen des Wissens, daß sich in ihm der in der objektiven Realität nie aufzufindende Weltengrund darstellt. Unser Erkennen ist - bildlich gesprochen - ein stetiges Hineinleben in den Weltengrund.'

Und in diesem Hineinleben liegt eine große Möglichkeit für die Schöpfung aus dem Nichts, denn man hat eine gewisse Freiheit, in der Erkenntnis weiterzugehen, als man eigentlich muss. Und da fängt dann die Anthroposophie an, könnte man sagen - wenn man weitergeht als nur bis zum Notwendigen.

Und so haben wir eigentlich zwei verschiedene Gebiete in der menschlichen Wesenheit auf Erden, wo sich die Schöpfung aus dem Nichts vollzieht. Das erste ist das gewöhnliche Schöpfen aus dem Nichts, was dennoch ein Schöpfen aus dem Geist ist, etwas, was jeder Mensch im Erwachsenenalter vollzieht, wenn er nicht nur gedankenlos, ohne Erleben und ohne moralische Wünsche durch das Leben geht. Aber die meisten Menschen haben noch etwas mehr in sich als nur das, was allererste Notwendigkeit ist, auch wenn es gar nicht bewusst ist. Wenn man in einer Gesellschaft lebt, ist es immer so, dass die Menschen damit beschäftigt sind, sich Urteile über das zu bilden, was in der Welt vorgeht. Und man kann sich vielleicht über diese Urteile ärgern, man kann meinen, man wisse es besser oder so etwas, aber man kann sich auch darüber freuen, dass eigentlich alle Menschen tatsächlich schaffen, schöpfen, aus dem Nichts, weil sie sich mit etwas beschäftigen, was nicht notwendig ist. Denn es ist nicht notwendig, dass wir uns zum Beispiel politische Urteile bilden, wir können auch 80 oder 100 Jahre alt werden, ohne dass wir das je gemacht haben. Und so gibt es vieles in der Welt, worüber sich Menschen ohne Notwendigkeit Gedanken, Gefühle und moralische Antriebe bilden.

Das ist also ein neuer Gesichtspunkt, dasjenige anzuschauen, was Menschen geistig eigentlich fortwährend tun, auch wenn sie nicht mit der Anthroposophie leben und vielleicht gar nicht an einen Geist glauben. Sie brauchen nicht daran zu glauben, denn sie sind fortwährend damit tätig.

Aber es gibt auch den Übergang zur Anthroposophie.

Dieser Übergang wurde ganz ausführlich in dem Buch ‚Wie erlangt man Erkenntnisse der höheren Welten?' beschrieben, wo es so viele Übungen zur Läuterung der Seele in Richtung von Wahrheit, Schönheit und Tugend gibt. Wenn der Mensch in diesem Gebiet aus dem Nichts schöpft, also Gedanken bildet, die wahr sind, die über das Notwendige hinausgehen, Gefühle hat und Erlebnisse, Gefühlserlebnisse an der Schönheit in sich erweckt, die man nicht zu haben braucht, und moralische Antriebe im Bereich der Tugend, im Bereich des Guten entwickelt - wenn der Mensch mehr und mehr dazu übergeht, fängt er an, sich vom heiligen Geist beseelt zu fühlen, der diese Gedanken, Gefühle und Antriebe schenkt. Da vereinigt der Mensch sich in Freiheit mit der Gnade des Heiligen Geistes.

Und dann ist es möglich, das ist eine dritte Möglichkeit, dass man dieses Ganze in das Bewusstsein hinaufhebt, und zwar so, wie es in ‚Wahrheit und Wissenschaft', in der ‚Philosophie der Freiheit', in ‚Philosophie und Anthroposophie' beschrieben steht, eine bewusste, tätige, freie Selbstbestimmung des Ich erlangt, wodurch man sich selbst kontinuierlich erschafft. Da wird das eigene Ich fortwährend aus dem Nichts geschaffen, und der Schöpfer ist in Freiheit der Mensch selbst, selbstverständlich geleitet und geführt von den höheren Wesenheiten. Aber da fängt das klare Bewusstsein an, das mit dem Manas zusammenhängt.

Ja, das ist es, was ich im Vortrag zusammenfassen wollte. Das müssen wir dann den Tag hindurch weiter ausarbeiten, damit es auch ein Erlebnis werden kann. Und ich habe zum Schluss ein Zitat aus der Bibel:

Johannes 3,22

Danach gingen Jesus und seine Jünger in das Land Judäa. Und dort hielt er sich mit ihnen auf und taufte. Aber auch Johannes taufte in Ainon, nahe bei Salim, weil dort viel Wasser war. Und sie kamen da hin und ließen sich taufen. Johannes war nämlich noch nicht ins Gefängnis gesetzt worden. Es erhob sich nun von Seiten der Jünger des Johannes eine Verhandlung mit einem Juden über die Reinigung. Und sie kamen zu Johannes und sagten ihm: Rabbi, der welcher jenseits des Jordan bei dir war, für den du Zeugnis abgelegt hast, siehe, der tauft und jedermann geht zu ihm. Johannes antwortete und sprach: Ein Mensch kann nichts nehmen, es sei ihm denn vom Himmel gegeben. Ihr selbst bezeugt mir, dass ich gesagt habe, nicht ich bin der Christus, sondern ich bin vor ihm her gesandt. Wer die Braut hat, ist der Bräutigam, der Freund des Bräutigams aber, der da steht und ihn hört, freut sich sehr, dass er die Stimme des Bräutigams hört. Diese, meine Freunde nun, hat sich erfüllt. Jener muss wachsen, ich aber abnehmen.

ZWEITE STUNDE

Zürich, 7. April 2018

Dann werden wir uns zuerst den Fragen zuwenden.

Teilnehmerin: Ich habe eine Frage zur Logik, und zwar, in der ersten Stufe hast du doch gesagt, da ist immer noch die Logik. Und hört es mal auf mit der Logik, oder gilt die Logik immer, egal auf welcher Stufe man ist?

Mieke Mosmuller (MM): Nein, aber sie ist sehr wohl Ausgangspunkt für die Wahrheitssuche, und wir haben es hier eigentlich auch noch nicht mit geisteswissenschaftlichen Erkenntnissen zu tun, sondern befinden uns in der gewöhnlichen Welt.

Teilnehmer: Meine Frage ist die nach dem Wesen oder der Funktion oder Gestalt des Heiligen Geistes, die ist mir noch nicht klar, auch weil man darüber eigentlich wenig hört und liest.

MM: Sie meinen, im Allgemeinen oder hier in dieser Beziehung?

Teilnehmer: Ja, eigentlich im Allgemeinen.

MM: Ja, man muss das eigentlich doch immer aus den Verhältnissen herauslesen. Wenn wir den Grundsteinspruch nehmen, haben wir drei Teile: Dreimal wird die Menschenseele zu einer Art der Erkenntnis aufgerufen. Die dritte Art, das dritte Mal, wo die Menschenseele gerufen wird, ist es der Ruf des Heiligen Geistes oder die Suche nach dem Heiligen Geist. Also zuerst der Vater, der Geist der Höhen, dann der Christus-Wille im Umkreis, und dann kommt der Heilige Geist.

Das ist *eine* Möglichkeit, mit demjenigen Geist in Berührung zu kommen, der der Heilige Geist ist. Eine andere Möglichkeit ist dasjenige, was in mehr philosophischem Sinne auch in dem Aufsatz

‚Philosophie und Anthroposophie' anklingt, wo wir das Ich *ante rem*, *in re* und *post rem* finden. Da haben wir *ante rem* im Vater, *in re* im Sohn und *post rem* im Heiligen Geist. Es ist immer die Erkenntnisseite. Wenn man sich dazu aufschwingen darf, etwas wirklich zu erkennen, sind wir im Gebiet des Heiligen Geistes.

Dann lesen wir im Johannes-Evangelium, dass Christus immer wieder darauf hinweist, dass er mit dem Vater eins ist und dass er den Heiligen Geist, den Geist der Wahrheit senden wird, wenn er einmal durch den Tod gegangen sein wird und nicht mehr unter den Menschen da sein wird. Dann wird er an seiner Stelle den Heiligen Geist senden, und Er sagt zum Beispiel:

Wer ihn aufnimmt, den ich senden werde, nimmt mich auf und wer mich aufnimmt, nimmt ihn auf, der mich gesandt hat.

Da hat man die Trinität, und die Verbindung mit der Trinität fängt in Christo an, denn er schickt den Heiligen Geist. Erst wenn man den Heiligen Geist hat, kann man wissend auch Christus aufnehmen. Und wenn man Christus wissend aufgenommen hat, hat man auch den Vater aufgenommen. Das also muss man erlebend auffassen. Der Heilige Geist gibt die bewusste Verbindung, die bewusste Erkenntnis, die auch die erlebende Erkenntnis ist, also auch gefühlt wird und auch Wille ist.

Im 6. Kapitel der ‚Philosophie der Freiheit' steht:

‚Eine wahrhafte Individualität wird derjenige sein, der am weitesten hinaufreicht mit seinen Gefühlen in die Region des Ideellen.'

Und da hat man eigentlich eine Art Beschreibung, wie die menschliche Individualität sich mit dem Heiligen Geist vereinigt. Denn da geht die Individualität so hoch wie möglich hinauf bis zur Idee, aber tut das nicht abstrakt, nicht nur denkend, sondern nimmt sich selbst als fühlende und wollende Wesenheit ganz mit. Und das ist das Reich des Heiligen Geistes.

Man kann auch sagen, der Mensch hat ein Denken, ein Fühlen, ein Wollen. Das Wollen ist dreigegliedert, das Fühlen ist dreigegliedert, das Denken ist dreigegliedert. Und in dem dreigegliederten Denken, da finden wir den Heiligen Geist, wenn es sich ganz über sich hinaus zu der wahrhaftigen Idee hinaufhebt. Dann ist Erkenntnis nicht mehr trockenes Wissen, sondern ist voll lebendige, erlebende Wesenheit geworden, und das ist der Heilige Geist.

Teilnehmer: Hat diese Schöpfung aus dem Nichts auch karmische Folgen?

MM: Ja, in gewissem Sinne. Sie geht nicht aus dem Karma hervor, aber sie hat sicher auch karmische Folgen. Am leichtesten lässt sich das einsehen, wenn es eine böse Schöpfung aus dem Nichts ist, wenn der Mensch unnötig schlimme Urteile fällt, die unwahr sind, schlechte Gefühle hat, die auch nicht richtig sind, und Dinge tut, die nicht gut sind und nicht aus dem Karma kommen, sondern ganz aus der Freiheit. Das hat dann natürlich deutlich karmische Folgen. Und so kann man sich vorstellen, dass das im Guten auch so ist. Aber es ist eine Neuschöpfung, man schafft da neues Karma.

Teilnehmer: Kommt die ganze Werbung nicht auch aus dem Nichts?

MM: Ja, man kann natürlich lange nachsinnen, was das alles für Bedeutung hat und inwieweit das vielleicht *nicht* aus dem Nichts kommt und inwieweit es wahrscheinlich doch aus dem Nichts kommt, aber dann zu etwas führt, was nicht mit dem Heiligen Geist zu tun hat. Das kann man natürlich nicht auf einmal überschauen, da muss man sich mit der Frage nach der Schöpfung aus dem Nichts eigentlich im Leben und auch in sich selbst umsehen und sich fragen: Wo sind diese Schöpfungen? Dann kann man sie kennenlernen. Hier haben wir jetzt eigentlich nur eine Art begrifflicher Grundlage.

Teilnehmer: Wirkt der Heilige Geist in jeglicher begrifflicher oder moralischer Intuition?

MM: Wahrheit, Schönheit und Tugend, das Gute, da wirkt der

Heilige Geist. Es gibt natürlich auch viele irrtümliche Erkenntnisse, die Schöpfungen aus dem Nichts sein können und dann doch nicht aus dem Heiligen Geist.

Teilnehmer erneut: Können Sie vielleicht noch etwas darüber ausführen, dass die Schöpfungen aus dem Nichts aus den Verhältnissen jedem Menschen zugänglich ist, aber aus dem Heiligen Geist braucht es die Anthroposophie? Könnten sie das vielleicht noch ein bisschen ausführen, weil, die wahre Wirklichkeit oder Tugend oder auch das Schöne - da gibt es viele Menschen, die auch nicht Anthroposophen sind, wie sehen Sie das?

MM: Was ich eigentlich meine, ist, dass man es mit Anthroposophie in Kultur bringen kann und dass man ohne Anthroposophie auf das beschränkt ist, wie man nun einmal ist. Mir ist das sehr stark aufgefallen, als ich noch nicht die Anthroposophie kannte und die Schriften von Martin Buber gelesen habe - vor allem ‚Ich und Du'. Er beschreibt da die Begegnung zwischen Menschen, wo etwas geschieht, was über die gewöhnlichen Verhältnisse hinausführt, wo das Ich-Es-Verhältnis aufhört, wo der andere Mensch nicht mehr ein Es ist, nicht mehr ein Ding, sondern ein Du wird. Ja, das ist wunderbar, was er da beschreibt, das kann man sich als großes Ideal im Leben vorhalten oder vorzeichnen. Aber mir ist aufgefallen, dass in all diesen Beispielen, die er gibt, doch eigentlich etwas wirksam ist, was nicht Freiheit ist. Es geschieht, aber der Mensch muss warten, bis es geschieht. Und als ich dann die Anthroposophie fand, habe ich wirklich empfunden: Hier gibt es einen Weg, sich so zu entwickeln, dass man das auch *wollen* kann. Das heißt noch nicht, dass es immer gelingt, natürlich nicht, aber man hat *selbst* etwas zur Verfügung, was über das gewöhnliche Geschehen hinausgeht, und das meine ich. Also natürlich geschieht es im gewöhnlichen Leben auch, weil es so viele Menschen gibt, die zur Wahrheit, Schönheit und Güte veranlagt sind, aber hier geht es eigentlich darum, dass man über seine Anlage hinauskommt und die Dinge nicht aus Anlage, sondern aus Freiheit tut, und dafür braucht man dann so etwas wie die Anthroposophie. Man kann auch sagen, man muss Novalis lesen, oder Goethe, oder die Bibel - aber man braucht etwas, was eine Erziehung in diesem Sinne gibt.

Teilnehmer: Ich möchte noch einmal an das anknüpfen, was sie zitiert haben. Christus hat ja den Heiligen Geist gesendet, und es ist zumindest in der Urkirche offensichtlich gewesen, dass der Heilige Geist gewirkt hat. Und nun ist die Frage: Mussten wir jetzt 1900 oder 1800 Jahre warten, bis die Anthroposophie kommt, um dann dieses Geschenk des Heiligen Geistes von Christus aufnehmen zu können? Das passt mir nicht so.

MM: Nein, das ist natürlich auch nicht so. Aber worauf wir warten mussten, das ist dieser Augenblick der Freiheit, wo die Möglichkeit eintritt, aus Freiheit den Heiligen Geist zu suchen, während das zuvor auf ganz anderen Wegen zustande gekommen ist, auch wechselnden Wegen, durch die Jahrhunderte hindurch nicht immer in der gleichen Art. Wenn man zum Beispiel Dionysios Areopagita meditiert, dann ist es - obwohl es eigentlich schon zusammengeschrumpft ist, wie es letztendlich aufgeschrieben worden ist - der Heilige Geist, der da spricht, die Erkenntnis der Hierarchien, in christlichem Sinne. Ja, da spricht der Heilige Geist. Und wenn man die Schriften von Scotus Eriugena nimmt, die sind von Anfang bis Ende eigentlich Heiliger Geist. Und bei Thomas von Aquin ist es wieder in einer anderen Art und in der Schule von Chartres wiederum in einer anderen Art und bei Meister Eckhart auch wiederum. Aber dass wir die Möglichkeit haben, durch freie Erkenntnis den sicheren Weg zu ihm zu finden, das ist neu, und dafür brauchen wir die Anthroposophie. Also um dazu zu kommen, dass man das als Erziehung, als Selbsterziehung im Gebiet der Erkenntnis aufnehmen kann, dafür brauchen wir die Anthroposophie.

Jos Mosmuller (JM): In diesen Jahrhunderten wirkte auch noch die alte Einweihung über die leibliche Anlage weiter, und das ist jetzt ganz abgeschwächt. Man muss heute selbständig über das Denken den Geist suchen. Die Menschen in vorigen Jahrhunderten hatten noch Intuitionen und auch Ekstasen, in denen sie den Geist erleben konnten, wie zum Beispiel Thomas von Aquin das auch noch hatte.

MM: Das ist notwendigerweise abgestorben und davon ist nichts übriggeblieben. Rudolf Steiner sagt, dass in der neueren Zeit dadurch, dass der Wille im Denken nicht mehr da ist, der Schlaf eigentlich auch geistlos geworden ist. Natürlich ist die ganze geistige Welt da, aber man nimmt sie nicht mehr wahr und kann sie nicht mehr mitnehmen, wenn man aufwacht. Aber dadurch ist gerade auch die Freiheit entstanden und kann man aus sich selbst heraus den Geist schöpfen und dann die Verbindung mit dem Heiligen Geist suchen.

Das ist doch wirklich eine neue Entwicklung. Rudolf Steiner weist dann vergleichsweise auch auf alte Eingeweihte wie zum Beispiel Paracelsus hin. Das waren Menschen, die diese alten Einweihungsmöglichkeiten teilweise noch hatten. Wenn diese in den Schlaf hineingingen, nahmen sie etwas von der Ätherkraft in den Schlaf hinein und konnten darin mehr oder weniger einschreiben, was sich im Geist ereignete. Und wenn sie morgens aufwachten - auch Jakob Böhme war so ein Mensch -, gingen sie durch den Tag und hatten fortwährend Inspirationen aus der Nacht, die sich in den eigenen Ätherleib eingeschrieben hatten. Das ist ganz verlorengegangen und musste es auch, weil wir ganz aus uns selbst den Geist wiederfinden sollen. Dann ist es erst wirklich ein Nichts, aus dem wir schöpfen, dann ist nichts mehr da.

Teilnehmerin: Und was meinen Sie, wenn Sie sagen, wir brauchen Anthroposophie, damit wir das in Kultur bringen können? Was meinen sie mit ‚in Kultur bringen'?

MM: Ich meine, dass die Anthroposophie die Anleitung gibt, wie der Mensch in der modernen Zeit veranlagt ist und wie wir uns so bewusst erziehen und entwickeln können, dass wir aus dem Geist schöpfen können. Dadurch bereiten wir uns auf eine neue Kultur vor, in der das etwas Gemeinsames sein kann, könnte, die sechste Kulturepoche.

Teilnehmerin: Eine Frage noch zum Erkennen. Wenn unser Erkennen ein ständiges Hineinleben in den Weltengrund ist, dann klingt das so, dass dieser Weltengrund ein zusammengehöriger Organismus sein muss. Ist das richtig, kann man sich das so vorstellen, dass sich das Wort dort hinein ergossen hat und diese Vielheit geschaffen hat, von Dingen und von allen möglichen Verhältnissen untereinander und von Begriffen, und dass das wieder ein zusammengehöriges System gibt, was gegeben ist, und dass das Hineinleben dann die Freiheit ist? Ich habe diesen Satz aufgeschrieben, ich finde das so einen spannenden Begriff: das Hineinleben in etwas, also muss das andere gegeben sein. Und diese Begriffswelt gehört ja jedem, die ist ja für jeden gleich, aber der Zugang nicht. Also ist das richtig so, sich das so vorzustellen?

MM: Ja, es entsteht in ‚Wahrheit und Wissenschaft' ein Bild von einem Weltganzen, wo der Mensch mit eingeschlossen ist und wo alles gut durchdacht erlebt und getan ist. Das göttliche Wort hat das so geschaffen, und wir sind darin, wir sind Teil davon. Aber was für den Menschen das Besondere ist, ist, dass er sich auch außerhalb fühlen kann, eins in sich selbst und mit der Welt, mit diesem großen Weltganzen um sich herum. Und dadurch hat er einen freien Gesichtspunkt, weil eine Spaltung da ist und er sich nicht nur aufgenommen fühlt in dem Weltganzen, sondern auch auf sich selbst gestellt fühlt. Aber er hat den Trieb zur Erkenntnis, und das Erkennen ist dann, dass er diese Spaltung immer und immer wieder aufhebt und sich in diesem Sinne in den Weltengrund einlebt, indem er die Brücke über den Abgrund schlägt, den er selbst zuerst in seinem Bewusstsein geschaffen hat. Dadurch ist das Bewusstsein, das Wahrnehmungen und Gedanken enthält, in sich eigentlich auch gespalten und fühlt sich das Ich nicht mit der Welt eins. Durch die Erkenntnis kommt diese Einheit im Bewusstsein dann wieder zustande, und das Besondere ist, dass man sich vorstellen muss, dass im Bewusstsein die Trennung das Ursprüngliche ist und man durch die Erkenntnis die Vereinigung zustande bringt. Dadurch, dass die Trennung aufgehoben wird, bringt man sich selbst zum Vorschein.

Teilnehmerin erneut: Wenn man sich hineinleben würde, dann weiß man, dass man immer tiefer gehen kann?

MM: Ja, und wir sehen in der Geisteswissenschaft, die wir in der Gesamtausgabe haben, wie weit das gehen kann. So muss man es doch auffassen. Die Anfangsschriften Rudolf Steiners bilden doch den Ausgangspunkt, von dem er selbst ausgegangen ist. Das Hineinleben in den Weltengrund, ja - er hat dann gezeigt, wie weit das gehen kann.

Teilnehmerin: Wenn Paulus sagt: Christus in mir - dann ist auch der Heilige Geist gemeint, oder? Ich habe das schon manchmal überlegt. Was spricht man genau an?

MM: Ja, der Heilige Geist ist immer das *Wissen* von etwas Geistigem. Es ist auch in den vergangenen Jahrhunderten seit Christus so gewesen, dass viele Menschen dagewesen sind, die eine wirkliche Verbindung mit Christus gehabt haben. Aber jetzt kommt die Zeit, dass Christus auch erkannt werden will, und das ist der Heilige Geist. Man kann in seinem Erleben, in seinen Gefühlen, tief christlich durchtränkt sein, aber das genaue Wissen davon, das ist der Heilige Geist. Deshalb ist auch eine Sünde gegen den Heiligen Geist eine Todsünde, denn das bedeutet nämlich: wenn man etwas schon eingesehen hat mit dem Wissen und man gegen dieses eigene Wissen sündigt. Dann ist das etwas ganz anderes, als wenn man sündigt, ohne zu wissen. Also der Heilige Geist fordert eine absolute Anerkennung, könnte man sagen. Wenn man durch den Heiligen Geist einmal etwas eingesehen hat - ja, dann vernichtet man eigentlich sich selbst, wenn man dann doch noch dagegen sündigt. Die dumpfe Lüge, aus Trieb oder was auch immer, ist etwas anderes. Aber wenn man wirklich ganz klare Erkenntnisse hat, und man handelt gegen die eigenen Erkenntnisse, dann ist das eine Todsünde. Man weiß wiederum besser, was unter Heiliger Geist verstanden wird: dass das eine wirkliche spirituelle Erkenntnis ist. In allen Prozessen, die wir in der Erkenntnis vollführen, wenn wir sie wirklich durchschauen, hilft uns der Heilige Geist.

Teilnehmer: Wie hängt der Geistesmensch mit dem Heiligen Geist zusammen?

MM: Der Heilige Geist ist das Geistselbst, und der Geistesmensch ist die Verbindung, die bewusste Verbindung mit dem Vater, wo dann sogar bis in die leibliche Gestalt hinein das bewusste Wissen und Fühlen und Können hindurchgedrungen ist.

Teilnehmer: Was ist der Unterschied zwischen dem, dass der Geist von Christus oder vom Vater gesandt wird?

MM: Der Vater sendet den Geist nur noch durch Christus. Er kommt natürlich vom Vater, denn es ist die Heilige Dreieinigkeit, dass der Vater der Wille ist, in der göttlichen Person, und der Christus das Erleben, das Gefühl, und der Geist das Denken, das Wissen. Aber dann ist der Geist der Geist des Vaters. Der Mensch kann den Geist nur aufnehmen, nur finden, nur anrufen durch Christus, also nicht durch den Vater. Der Christus schickt zuerst den Geist, und den sollen wir aufnehmen. Und wenn wir ihn aufnehmen, nehmen wir auch Christus auf. Wir hatten ihn schon, denn er war schon derjenige, der den Heiligen Geist schickte, aber wir hatten ihn nicht erkennend. Dann sendet der Christus den Heiligen Geist, und den nehmen wir auf. Und wenn wir ihn aufnehmen, nehmen wir auch Christus auf. Wenn wir aber Christus aufgenommen haben, haben wir auch den Vater aufgenommen, denn Christus und der Vater und der Heilige Geist sind eins. Aber wir leben uns gegliedert darin ein.

Teilnehmerin: Ich habe kürzlich gerade gelesen, dass man, wenn man das Vaterunser spricht, sich mit Christus verbindet, dass man eigentlich Christus anspricht, ist das so?

MM: Ja, man spricht den Vater an, aber man spricht den Vater an durch Christus. Man muss eigentlich immer Christus im Mittelpunkt haben. Das haben wir hier in Zürich tiefgehend erlebt, als wir das hohepriesterliche Gebet meditiert haben. Darin zeigte sich erschütternd deutlich, dass Christus und der Vater ein und derselbe sind und dass der Vater den Christus in die Welt gesendet hat. Der Christus sendet uns, wenn er nicht mehr sichtbar sein wird, den Heiligen Geist, damit wir ihn wieder sehen können, und wenn wir ihn dann wieder haben, haben wir auch wiederum den Vater. Das ist das hohepriesterliche Gebet, das ist ganz in dieser Dreieinigkeit gehalten.

Und bei der Fußwaschung sagt Christus diese Formel: Wer ihn aufnimmt, den ich senden werde, nimmt mich auf, und wer mich aufnimmt, nimmt ihn auf, der mich gesandt hat. Das ist es, was geschieht, wenn wir den Heiligen Geist, der uns geschickt wird, aufnehmen. Und das bedeutet in unserer Zeit, dass wir das Wahre, Schöne und Gute in der Welt schaffen, in die Welt schaffen, dass wir das hineinbringen.

Teilnehmer: In der Theologie spielt der Gedanke der Unverfügbarkeit des Heiligen Geistes durch den Menschen eine wichtige Rolle. Wie siehst du diesen Gedanken im Verhältnis zur Schöpfung aus dem Nichts?

MM: Was bedeutet ‚Unverfügbarkeit durch den Menschen'?

Teilnehmer: Dass der Heilige Geist nicht mehr durch den Menschen in seinem Tun beeinflusst werden kann, sondern geschenkt wird durch Gnadenwirken.

MM: Ja, das ist die Auffassung der Kirche, und dadurch sind wir hier eigentlich Ketzer, wirklich ursprüngliche Ketzer, weil wir die Überzeugung haben - auch dadurch, dass es geschieht, die Überzeugung haben -, dass der Mensch in Freiheit den Heiligen Geist rufen kann. Ob er dann kommt, ist natürlich immer noch Gnade, aber wir können uns in Freiheit dazu aufschwingen. Das kann der Mensch einsehen: Dass in der Anthroposophie die Möglichkeit gegeben wird, dass man sich aus Freiheit durch Selbstbestimmung zum Heiligen Geist emporhebt. Das wird durch die Kirche jedoch absolut verboten, das ist in der katholischen Kirche immer so gewesen, und das ist natürlich in der protestantischen, evangelischen Kirche in anderer Art auch so, obwohl es da weniger der Fall zu sein *scheint*, weil man da wenigstens immer noch die Bibel lesen durfte. Und das ist doch eigentlich eine Verbindung mit dem Heiligen Geist. Wenn man sein Leben hindurch täglich die Bibel liest, verbindet man sich mit dem Heiligen Geist.

Augustinus ist in diesem Prozess ein wichtiger Mensch gewesen, der zuerst ein Manichäer war und Mani als den Parakleten - das ist eine Verkörperung des Heiligen Geistes - betrachtet hat, sich dann davon abgewendet hat und sich selbst auf die Suche nach Gott begeben hat.

Er hat seine Seele ganz durchwandert, wunderbar ist das, wenn man die ‚Bekenntnisse' von Augustinus liest. Er gibt eine Art von Seelenkunde, durchwandert alle Zimmer seiner Seele, findet da Gott nicht, findet aber wohl eine *Wirkung* von Gott und weiß, dass die Seele also mit Gott in Verbindung ist.

Rudolf Steiner schreibt in ‚Das Christentum als mystische Tatsache', dass es für Augustinus zwei Wege gab. Er kam an den Punkt, wo er die Verbindung der Seele mit Gott fand, und da hätte er zu sich sagen können: Nun muss ich mit diesen Untersuchungen, die ich angefangen habe, weitermachen, so dass ich selbst in Verbindung mit Gott komme. Oder er konnte sagen: Das darf der Mensch nicht, er braucht dazu eine Institution. Das zweite hat er dann getan und hat eigentlich die katholische Kirche zum Hüter der Seele ausgerufen. Man muss also seine Seele von der Kirche hüten lassen, damit sie nicht auf Irrwege gerät.

Teilnehmerin: Ich möchte eigentlich besser verstehen, was für uns Anthroposophen eine Sünde gegen den Heiligen Geist bedeutet.

MM: Es handelt sich darum, dass man wirklich etwas in Wahrheit eingesehen hat. Wenn man nicht die Wahrheit weiß, aber vage etwas ahnt - es wird wohl so sein... - und dann etwas anderes erzählt, dann ist dies nicht eine Sünde gegen den Heiligen Geist. Es wird erst eine Sünde gegen den Heiligen Geist, wenn man mit Sicherheit etwas eingesehen hat und sich dann nicht daran hält. Das kommt natürlich nicht so oft vor.

Teilnehmerin erneut: Ist das schwarze Magie?

MM: Ja, das geht in die Richtung. Ich habe als Beispiel für die Überwindung des Zweifels das Bilden des mathematischen Begriffs gegeben, zum Beispiel den Begriff des Kreises. Hier weiß jeder Mensch letztendlich wohl, dass der Begriff ganz und gar stimmt. Wenn man dann noch immer sagen würde, es ist ein Quadrat, dann gehört das in diese Sphäre. So stark. Wir haben natürlich nicht so viele Erkenntnisse, die wir so klar und deutlich haben wie die mathematischen. Und wenn wir sie einmal haben, sagen wir auch nicht mehr, dass ein Kreis ein Quadrat sei. Also man muss sehr stark die Unwahrheit vertreten wollen, wenn man etwas so sicher weiß, und dann trotzdem noch sagt, dass es anders sei.

Teilnehmer: In der Politik wird ja gelogen. Das ist dann auch eine Sünde gegen den heiligen Geist, oder geht es um höhere Erkenntnisse?

MM: Es geht um noch höhere Erkenntnisse, aber es neigt natürlich schon dahin, wenn man wirklich weiß, wie sich etwas zugetragen hat, und man schildert es anders. Aber dass man wirklich weiß, wie sich etwas zugetragen hat, ist natürlich auch nur in den wenigsten Fällen so. Man muss sich die Erkenntnisse des Heiligen Geistes wirklich so sicher vorstellen, wie man den Kreisbegriff hat. Und wenn es komplizierte Verhältnisse sind, hat man eigentlich sowieso nicht eine so klare Erkenntnis und ist es mehr eine Lüge, wenn man es anders darstellt. Das geschieht natürlich sehr oft, auch im gewöhnlichen Leben, um allerlei Dingen zu entgehen oder so etwas. Manchmal ist es auch notwendig, dass man etwas anders sagt, als es ist, aber das ist alles etwas anderes, als eine heilige Erkenntnis in absoluter Sicherheit zu haben und dies zu verleugnen. - Ja, und diese Sünde, sagt die Bibel, wird nicht vergeben.

Teilnehmerin: Was geschieht im Geistigen mit uns, wenn wir eine Sünde begehen, die nicht mehr vergeben wird?

MM: Was wir damit eigentlich tun, ist, die Weltentwicklung zu schädigen. Jede Sünde schädigt die Weltentwicklung, aber was wir an Schädigung der Welt zufügen, wird durch Christus vergeben. Nur eine Sünde gegen den Heiligen Geist wird nicht vergeben. Da hat man also etwas anzuschauen, was man selbst als Übles der Welt zugefügt hat.

JM: Von Rudolf Steiner wissen wir, dass man ein Teilchen seines Ichs verliert.

Teilnehmerin erneut: Und was ist, wenn man etwas von seinem Ich verliert? Dann ist man nachher schwächer - kann man das wieder korrigieren, oder kann man das gar nicht mehr korrigieren?

MM: Ich habe es so verstanden, dass man das eigentlich nicht mehr korrigieren kann. Natürlich kann man die Entwicklung weiter durchmachen, aber mit einem Defekt. Man muss sich meditativ mit solchen Fragen auseinandersetzen, um die Reichweite zu spüren - was das eigentlich bedeutet. Wenn wir durch karmische Verhältnisse mit einem leiblichen Defekt auf die Erde kommen, dann ist das eine einmalige Sache, man hat das einmal durchzumachen, und danach bekommt man wieder einen gesunden Leib, wenn man nicht wieder denselben Fehler macht. Aber wenn man sich vorstellen muss, dass man im Ich einen Defekt hat, dann ist das etwas für immer, und das ist natürlich etwas ganz anderes. Also mit dem Heiligen Geist muss man wirklich sehr bewusst und vorsichtig umgehen. Die Menschen wissen das unbewusst natürlich alle, und das führt dazu, dass man sagt: Diese Verantwortlichkeit übernehme ich nicht, lass mich nur in der Dumpfheit, ich will nicht aufwachen zu dieser Verantwortung. Aber das ist falsch angeschaut, denn es gibt doch wirklich eine Beseligung, wenn man in der Wahrheit ist. Man strebt, wenn man es so macht, wie wir es in der Anthroposophie tun, diese Wahrheit natürlich an, indem man sich läutert. Man ist nicht plötzlich in einer Heiligen-Geist-Wahrheit und dieser Wahrheit gar nicht gewachsen, so ist es natürlich nicht. Man ist nicht plötzlich ganz im Durchschauen der Verhältnisse in der Welt darinnen, *es geht ganz allmählich.*

Und wenn man dann bestimmte Erkenntnisse erlangt, die in der Wahrheit und Sicherheit sind, ja, dann würde man das auch nicht wollen, dagegen zu sündigen. Das hat man dann schon längst hinter sich gelassen. Also eigentlich ist das deshalb der sichere Weg, wenn man ihn so geht, wie Rudolf Steiner ihn angegeben hat. Man braucht keine Angst vor der Verantwortlichkeit zu haben, weil man nicht absichtlich das Böse wählt. Und wenn man es nicht absichtlich wählt, kann es auch nicht passieren. Denn es spielt sich ganz in der bewussten Erkenntnis ab.

Teilnehmerin: Rudolf Steiner sagt doch, dass Anthroposophen viel schlimmer werden können als normale Menschen, und es gibt ein Zitat von Marie Steiner, wo sie das ganz klar ausspricht. Sie sagt, man muss immer die Wahrheit sagen, sonst wird es immer schwieriger. Trotzdem muss man, wie du jetzt gesagt hast, den Schulungsweg machen, auch wenn diese Gefahr da ist. Es ist vielleicht gerade das, dass man die Erkenntnis hat, aber man sündigt gegen diese Erkenntnis, und man wird immer schlimmer.

MM: Rudolf Steiner sagt auch immer - und das kann man nachvollziehen: Wenn man den Weg der Erkenntnis geht - und das sind diese Bücher, das ist der sicherste Weg -, kann man eigentlich gar nicht auf Irrwege kommen, weil man nämlich ganz bewusst seine Erkenntnisse gestaltet. Die ganze Welt der unbewussten Triebe und Begierden und Eifersüchte und weiß ich was alles, wodurch der Mensch immer schlechter wird, lässt man außerhalb, und dann kann das nicht so gehen, dass man immer schlechter wird. Wenn man den Willen in das Denken hineinbringt, ist die Triebnatur des Menschen gereinigt, weil sie sich nur mit Universalien beschäftigt. Und wenn der Wille tatsächlich ein Element im Denken geworden ist, durchtränkt auch das Denken die Willenstätigkeit, immer mehr auch tagsüber. Dann weiß man, was man tut, was man sagt, was man denkt. Und wenn man weiß, was man denkt und sagt und fühlt und tut, wird es immer weniger möglich, dass die ursprüngliche, mehr oder weniger schlechte Triebnatur stärker und stärker wird.

Dadurch aber, dass man meditiert, wird der Mensch in seiner Triebnatur immer stärker und stärker und dadurch könnte man schlechter werden. Deshalb braucht man die Nebenübungen und all diese Vorsichtsmaßnahmen, damit man das gut beherrscht. *Aber wenn der Weg der Erkenntnis gesucht wird, ist man auf einem anderen Feld.* Dann braucht man andere Übungen, wodurch man die moralischen Intuitionen findet und sie zurücktragen kann, in die irdische Welt hinein, auch in die eigene Persönlichkeit hinein.

Teilnehmerin: Aber Anthroposophen haben die Anthroposophie oft als Sucht, man möchte natürlich immer mehr und mehr wissen. Was für eine

Wirkung hat eine solche Sucht, sozusagen, zum Beispiel, Steiner zu lesen wie einen Roman oder eine Zeitung?

MM: Das ist noch immer oft besser als wirklich ein Roman oder die Zeitung! Man kommt doch auf andere Ideen. Und die Sucht ist doch eigentlich etwas liebliches, denn man hat dann eine Sucht nach Wahrheit und Entwicklung und wahrem Menschentum und so weiter, und meistens ist es doch mit dieser Sucht so, dass, wenn sie sich ausgetobt hat, befriedigt wurde, eigentlich mehr oder weniger von selbst auch eine neue Sucht entsteht, nämliche eine moralische Sucht, dass man fühlt: Jetzt bin ich so gesättigt von Bewusstseinsinhalt, dass ich eigentlich nicht weiterleben kann, wenn ich es nicht auch *tun* kann. Aber vielleicht dauert das bei manchen Menschen sehr lange und sieht man diese Umkehrung nicht vor dem Tod eintreten. Man muss es immer doch auch groß sehen: Dass das lange dauern kann, diese Befriedigung suchen, nach Erkenntnis suchen, sich aus der Welt zurückziehen, um nur noch zu lesen. Das kann sehr wohl einen Sinn haben. Rudolf Steiner macht das selbst, relativ. Er beschreibt zum Beispiel, dass er, als er jung war, in einer Familie war, wo der Mann eigentlich immer, wie soll ich sagen, nicht in die Familie hineinkam, die saß immer in einem Zimmer und machte eigentlich nicht mit. Und als der Mann gestorben war, hat Rudolf Steiner ihm folgen können und angeschaut, dass er sich geistig groß und gewaltig ausgebreitet hat und er das also nicht umsonst gemacht hat. Das gewöhnliche, bürgerliche Urteilen, das wir darüber haben, reicht nicht. Wir können gar nicht durchschauen, was wie wo wirkt.

Und das finde ich an dieser Idee der Schöpfung aus dem Nichts so wunderbar, dass es in ein anderes Licht kommt, was Menschen so alles an ‚Unnützem' tun, von denen man mit dem bürgerlichen Urteilen sagt, die nützen nichts. Jetzt sieht man, dass das eine sehr hohe geistige Tätigkeit sein kann, die wir auch brauchen, damit die Welt weiterkommt. Und man bekommt dann ein Bild, dass, wenn alle Menschen nur bürgerlich tätig wären, das heißt, nur immer im Rahmen dessen, was sich gehört und wie man seine bürgerliche Pflichten erfüllt und was die Steuerdienste sagen und wie die Verkehrsregeln sind und so weiter, und was ich im gewöhnlichen Leben zu tun und zu lassen habe und dass ich mich ganz einfüge, wie es sich gehört - wenn das die ganze Gesellschaft tun würde, dann würde ein Stillstand in der Entwicklung eintreten. Also wir brauchen Pioniere, Menschen, die etwas wagen, was ungewöhnlich ist, auch wenn es nur in Ideengestaltung und Erleben und vielleicht erst nur ein bisschen im Tun ist.

Unser älterer medizinischer Kollege in Den Haag, von dem wir viel gelernt haben, sagte, Rudolf Steiner kannte nur ein Schimpfwort, und das war: *Philister*. Bürgerliche Beschränktheit, das war ihm ganz ekelhaft. Hier in diesem Gebiet durchbrechen wir dies, und wir können dann heute Mittag versuchen, einige Übungen zu machen, in der Hoffnung, dass sich alles noch mehr vertieft und deutlicher wird.

Teilnehmer: Noch eine Anschlussfrage. Es hat sich ja bei den Kategorien herausgestellt, dass bei Aristoteles das Sein neben den anderen Kategorien eine Sonderstellung hatte und die anderen Kategorien Merkmale, Eigenschaften sind. Dass vielleicht in der heutigen Zeit die Kategorie der Relation eine Sonderstellung einnimmt. Und habe ich das richtig verstanden, dass die Kategorie der Relation aber auch Merkmal ist von einem Ding?

MM: Ja, die Beziehung zwischen zwei verschiedenen Dingen gibt die Relation. Ich komme in eine Beziehung zu einem Ding, wenn ich darüber denke, aber ich kann auch die zwei verschiedenen Dinge in ihrer Beziehung betrachten. Und das ist etwas Besonderes. Da kommt meine schöpferische Art zum Vorschein. Ich kann auch daran vorübergehen und überhaupt keine Beziehungen herstellen. Ich kann aber auch so, wie ich es aus dem Evangelium vorgelesen habe, in verschiedener Weise Beziehungen haben. Johannes weist hier auf die Beziehung zwischen Braut und Bräutigam. Der Freund des Bräutigams kann auf die Beziehung zwischen Braut und Bräutigam sehr verschieden reagieren. Er könnte auch sehr eifersüchtig sein, aber das ist er nicht. Er freut sich, weil sein Freund die Braut hat. Das ist diese Sonderstellung der Kategorie Beziehung, dass der Mensch nicht nur sich selbst zu einem Ding oder einem Wesen in Beziehung bringt, sondern auch die Beziehung zwischen zwei oder mehr Dingen oder Wesen in der Außenwelt anschauen kann und erleben kann und Freude oder Kummer oder was auch immer daran erleben kann. Man weiß, das ist eine Beziehung zwischen den zweien. Und ich schaue die Beziehung an, nicht nur den Bräutigam, nicht nur die Braut, sondern wie sie zusammen sind. Und das ist die Beziehung, und ich habe meine Gefühle über diese Beziehung. Und Johannes hat eine tiefe Freude und Befriedigung daran, weil er der Freund des Bräutigams ist.

Teilnehmerin: Braucht es für diese Art von Erkennen immer diese Freude, weil sich das sonst doch gar nicht offenbaren würde, sonst sich gewisse Dinge gar nicht zeigen würden?

MM: Man kann natürlich auch eine schlimme Eifersucht auf Braut und Bräutigam haben.

Teilnehmerin erneut: Und trotzdem sehen?

MM: Ja, gerade dadurch. Das sollte man dann eigentlich erleben - dass man nicht nur selbst eine Beziehung zu den Dingen hat, sondern dass die Dinge auch untereinander eine Beziehung haben können und der Mensch das mit der Kategorie Beziehung erkennt und dann auch erleben kann. Und er kann es auch unterlassen, braucht es nicht zu tun, nicht immer.

Teilnehmer: Kann das dann nur der erkennende Mensch machen? Das wäre auch eine Aufgabe: diese Beziehung zu sehen.

MM: Ja. Man kann natürlich nie absolut sagen, dass eine Beziehung zwischen Menschen, die ich erlebe, immer eine freie Tat ist. Man könnte sich vorstellen, dass man auch durch das Karma in Gefühle kommt, die mit Beziehungen zwischen Menschen zu tun haben und wo man nicht frei ist, die sich eigentlich wie eine Notwendigkeit herstellen. Man darf also nicht sagen: also ist es immer so, sondern: es gibt diese Möglichkeit in dem Erleben der Beziehungen.

DRITTE STUNDE

Zürich, 7. April 2018

Als erste Übung können wir uns in Goethes Raumbegriff vertiefen, um eine tieferen Eindruck zu bekommen, was eigentlich *Beziehung* ist und wie diese uns letztendlich von allem, was mit den Dingen zusammenhängt, befreit.

Als ich damals so intensiv die Kategorien studiert habe, zuerst Aristoteles selbst und dann später mehr spirituell, da habe ich auch diesen Raumbegriff gefunden, wie Rudolf Steiner ihn beschreibt. Vor kurzem musste ich mich in einen Aufsatz von Rudolf Steiner vertiefen, weil das gefragt wurde. In Antwerpen wollte man einen Aufsatz des noch sehr jungen Rudolf Steiner von 1881 über die atomistische Weltanschauung studieren. Darin kommt die Schwierigkeit mit Kant und seinem Begriff des Raumes und dann der Übergang zu Goethes Raumbegriff ganz deutlich zur Sprache. Nicht so sehr explizit, aber man kann erleben, was da eigentlich gesagt wird. Und da habe ich diesen goetheschen Raumbegriff wieder gefunden. Diesen will ich als erste Übung mit Ihnen machen.

›Wir wollen die alleräußerlichste Beziehung, die unser Geist zwischen den Objekten der Erfahrung herstellt, eine Betrachtung unterziehen. Wir betrachten den einfachsten Fall, in dem uns die Erfahrung zu einer geistigen Arbeit auffordert. Es seien zwei einfache Elemente der Erscheinungswelt gegeben. Um unsere Untersuchung nicht zu komplizieren, nehmen wir möglichst Einfaches, z.B. zwei leuchtende Punkte. Wir wollen ganz davon absehen, daß wir vielleicht in jedem dieser leuchtenden Punkte selbst schon etwas ungeheuer Kompliziertes vor uns haben, das unserem Geist eine Aufgabe stellt. Wir wollen auch von der Qualität der konkreten Elemente der Sinnenwelt, die wir vor uns haben, absehen und ganz allein den Umstand in Betracht ziehen, daß wir zwei voneinander abgesonderte, d. h. für die Sinne abgesondert erscheinende Elemente vor uns haben. Zwei Faktoren, die jeder für sich geeignet sind, auf unsere Sinne einen

Eindruck zu machen: das ist alles, was wir voraussetzen. Wir wollen ferner annehmen, daß das Dasein des einen dieser Faktoren, jenen des Anderen nicht ausschließt. Ein Wahrnehmungsorgan kann beide wahrnehmen.'

Und dann erläutert Rudolf Steiner, was er hier als letztes sagt:

‚Wenn wir nämlich annehmen daß das Dasein des einen Elementes in irgendeiner Weise abhängig von dem des anderen ist, so stehen wir vor einem von unserem jetzigen verschiedenen Problem. Ist das Dasein von B ein solches, daß es das Dasein von A ausschließt und doch von ihm seinem Wesen nach abhängig ist, dann müssen A und B in einem Zeitverhältnis stehen. Denn die Abhängigkeit des B von A bedingt, wenn man sich gleichzeitig vorstellt, daß das Dasein von B jenes von A ausschließt, daß dies letztere dem ersteren vorangeht. Doch das gehört auf ein anderes Blatt.'

Also der erste Schritt ist, dass wir uns zwei leuchtende Punkte vorstellen.

Es ist die Beschreibung Rudolf Steiners von dem Raumbegriff bei Goethe. Das erste ist, sich zwei leuchtende Punkte vorstellen, die in Bezug auf ihr Dasein nicht voneinander abhängig sind.

‚Für unseren jetzigen Zweck wollen wir ein solches Verhältnis [der Zeit] nicht annehmen. Wir setzen voraus, daß die Dinge, mit denen wir es zu tun haben, sich hinsichtlich ihres Daseins nicht ausschließen, sondern vielmehr miteinander bestehende Wesenheiten sind. Wenn von jeder durch die innere Natur geforderten Beziehung abgesehen wird, so bleibt nur dies übrig, daß überhaupt ein Bezug der Sonderqualitäten besteht, daß ich von der einen auf die andere übergehen kann. Ich kann von dem einen Erfahrungselement zum zweiten gelangen. Für niemanden kann ein Zweifel darüber bestehen, was das für ein Verhältnis sein kann, das ich zwischen Dingen herstelle, ohne auf ihre Beschaffenheit, auf ihr Wesen selbst einzugehen. Wer sich fragt, welcher Übergang von einem Ding zum anderen gefunden werden kann, wenn dabei das Ding selbst gleichgültig bleibt, der muß sich darauf unbedingt die Antwort geben: der Raum. Jedes andere Verhältnis muß sich auf die qualitative Beschaffenheit dessen gründen, was gesondert im Weltendasein auftritt. Nur der Raum nimmt auch gar nichts anderes Rücksicht, als darauf, daß die Dinge eben gesonderte sind. Wenn ich überlege: A ist oben, B unten, so bleibt mir völlig gleichgültig, was A und B sind. Ich verbinde mit ihnen gar keine andere Vorstellung, als daß sie eben getrennte Faktoren der von mir mit den Sinnen aufgefaßten Welt sind.

Was unser Geist will, wenn er an die Erfahrung herantritt, das ist: er will die Sonderheit überwinden, er will aufzeigen, daß in dem Einzelnen die Kraft des Ganzen zu suchen ist. Bei der räumlichen Anschauung will er sonst gar nichts überwinden, als die Besonderheit als solche. Er will die allerallgemeinste Beziehung herstellen. Daß A und B jedes nicht eine Welt für sich sind, sondern einer Gemeinsamkeit angehören, das sagt die räumliche Betrachtung. Dies ist der Sinn des Nebeneinander. Wäre ein jedes Ding ein Wesen für sich, dann gäbe es kein Nebeneinander. Ich könnte überhaupt einen Bezug der Wesen aufeinander nicht herstellen.'

Teilnehmerin: Sind das zwei ruhende Leuchtepunkte, oder ist einer davon in Bewegung, oder spielt das keine Rolle?

MM: Es spielt keine Rolle, aber ich fasse es als ruhende Punkte auf. Ja, die Beschreibung, die Rudolf Steiner gibt, gibt auch deutlich an, dass es nur um das Dasein dieser Punkte geht, die gesondert voneinander sind, nicht in der Zeit hintereinander, sondern zu gleicher Zeit in A und B da sind. Und ich beziehe A auf B und B auf A. Das ist der erste Schritt.

Und dann geht es weiter.

‚Wir wollen nun untersuchen, was weiteres aus dieser Herstellung einer äußeren Beziehung zweier Besonderheiten folgt. Zwei Elemente kann ich nur auf eine Art in einer solchen Beziehung denken. Ich denke A neben B.'

Ja? Also das haben wir: A neben B.

‚Dasselbe kann ich nun mit zwei anderen Elementen der Sinneswelt C und D machen. Ich habe dadurch einen konkreten Bezug zwischen A und B und einen solchen zwischen C und D festgesetzt. Ich will nun von den Elementen A, B, C und D ganz absehen und nur die konkreten zwei Bezüge wieder aufeinander beziehen.'

Es ist eine spannende Denkübung, denn wir haben zuerst zwei Punkte, A und B, die haben noch eine Art von Wirklichkeitswert. Und dann geht es nicht um diese Punkte, sondern es geht um die Beziehung zwischen A und B, was ein Nebeneinander ist, das ist die Beziehung. Und dann nehmen wir zwei andere Punkte, C und D, und finden, dass die auch wiederum nebeneinander sind, dass wir also auch da eine Beziehung zwischen zwei Punkten C und D haben, und die Beziehung ist: nebeneinander. Aber jetzt will ich

‚[…] von den Elementen A, B, C und D selbst ganz absehen und nur die konkreten zwei Bezüge aufeinander beziehen. Es ist klar, daß ich diese als zwei besondere Entitäten gerade so aufeinander beziehen kann, wie A und B selbst. Was ich hier aufeinander beziehe, sind konkrete Beziehungen.'

Also die Beziehung des Nebeneinander von A und B und die Beziehung des Nebeneinander von C und D, die beziehe ich aufeinander. Ich bin die Punkte selbst ganz losgeworden und habe nur noch Beziehungen, die ich aufeinander beziehe.

‚Wenn ich nun noch um einen Schritt weiter gehe, so kann ich diese eine konkrete Beziehung wieder auf die andere konkrete Beziehung beziehen. Und ich finde dann, wenn ich die erste Beziehung betrachte, kein besonderes A und B mehr, und auch nichts bei der anderen konkreten Beziehung. Ich finde in beiden nichts anderes, als daß überhaupt bezogen wurde. Diese Bestimmung der Beziehung ist aber in der einen Beziehung und in der anderen Beziehung ganz die gleiche. Was es mir möglich machte, die beiden Beziehungen noch auseinander zu halten, das war, daß sie auf A, B, C und D hinwiesen. Lasse ich diesen Rest von Besonderheiten weg und beziehe ich nur die eine konkrete Beziehung auf die andere, d. h. den Umstand, daß überhaupt bezogen wurde (nicht daß etwas Bestimmtes bezogen wurde), dann bin ich wieder ganz allgemein bei der räumlichen Beziehung angekommen, von der ich ausgegangen bin. Weiter kann ich nicht mehr gehen. Ich habe das erreicht, was ich vorher angestrebt habe, der Raum selbst steht vor meiner Seele.

Hierin liegt das Geheimnis der drei Dimensionen. In der ersten Dimension beziehe ich zwei konkrete Erscheinungselemente der Sinnenwelt aufeinander; in der zweiten Dimension beziehe ich diese räumlichen Bezüge selbst aufeinander. Ich habe eine Beziehung zwischen Beziehungen hergestellt. Die konkreten Erscheinungen habe ich abgestreift, die konkreten Beziehungen sind mir geblieben. Nun beziehe ich diese selbst räumlich aufeinander. Das heißt: ich sehe ganz davon ab, daß es konkrete Beziehungen sind; dann aber muß ich ganz dasselbe, was ich in der einen finde, in der zweiten wiederfinden. Ich stelle Beziehungen zwischen Gleichem her. Jetzt hört die Möglichkeit des Beziehens auf, weil der Unterschied aufhört.

Das, was ich vorher als Gesichtspunkt meiner Betrachtung angenommen habe, die ganz äußerliche Beziehung, habe ich jetzt selbst als Sinnenvorstellung wieder erreicht; von der räumlichen Betrachtung bin ich, nachdem ich dreimal die Operation durchgeführt habe, zum Raum, d. i. zu meinem Ausgangspunkte gekommen.

Daher kann der Raum nur drei Dimensionen haben. Was wir hier mit der Raumvorstellung unternommen haben, ist eigentlich nur ein spezieller Fall der von uns immer angewendeten Methode, wenn wir an die Dinge betrachtend herantreten. Wir stellen konkrete Objekte unter einen allgemeinen Gesichtspunkt. Dadurch gewinnen wir Begriffe von den Einzelheiten; diese Begriffe betrachten wir dann selber wieder unter den gleichen Gesichtspunkten, so daß wir dann nur mehr die Begriffe der Begriffe vor uns haben; verbinden wir auch diese noch, dann verschmelzen sie in jene ideelle Einheit, die mit nichts anderem mehr als mit sich selbst unter einen Gesichtspunkt gebracht werden könnte.'

Versuchen wir das einmal als eine meditative Übung nachzumachen, so dass wir dann vielleicht auch wirklich den Raum wiederfinden, nach diesen drei Operationen: Beziehung zwischen A und B, Beziehung zwischen C und D, Beziehung zwischen den Beziehungen, und dann das wieder ganz allgemein auf die Sinneswelt beziehen.

(Es wird meditiert).

Können Sie mir erklären, was man so eigentlich macht? Was ist es nun eigentlich genau, was wir tun?

Teilnehmer: Mir kam ganz mathematisch, geometrisch, ein Quadrat, also ein Würfel raus, wenn ich diese Verhältnisse in diesen Punkten... Es hat sich so gestaltet, mit dem ersten Verhältnis, wie mit einer Dimension, und mit der zweiten Dimension hatte ich eine Fläche, ich habe dann wahrscheinlich auch verstandesmäßig mitgedacht: jetzt müsst es noch in die Höhe gehen. Es gab für mich einen Raum...

JM: Man kommt dann eigentlich außerhalb des Raumes, denke ich, weil man zwei Beziehungen hat und dann eine Beziehung über diese zwei Beziehungen hat.

MM: Es kommt darauf an, dass man denselben Gesichtspunkt einhält. Also die erste Beziehung ist ein Nebeneinander. Die zweite Beziehung ist auch ein Nebeneinander. Und die Beziehung zwischen den Beziehungen muss dann auch im Gesichtspunkt des Nebeneinander angeschaut werden.

JM: Ich denke, dass man eigentlich dann loskommt aus diesen zwei Beziehungen, die im Raum sind, und dann macht man eine Beziehung von zwei Beziehungen, das ist doch etwas Eigenartiges, Merkwürdiges.

MM: Ja, dann kommt der Begriff. Das ist das Gefühl, das dazu gehört, wenn man in den reinen Begriff hineinkommt und eigentlich alles Äußerliche weglässt und nur noch in die nicht weiter determinierten Dinge, die Beziehungen eines Nebeneinander sind, hineinkommt. Was hier natürlich eigentlich gefragt ist, ist, dass man das Denken ganz rein macht und überhaupt keine Merkmale mehr hat, also auch keine Farben, das darf alles nicht beachtet werden, nur das Nebeneinander als Beziehung - und dann die beiden Nebeneinander zueinander.

Es soll nur Beziehung von Nebeneinander sein. Und es ist eine wunderbare Übung, um eine Ahnung zu bekommen, was eigentlich reines Denken ist, weil man, wenn man es richtig tut, eigentlich nicht anders kann, als in das reine Denken hineinzukommen, weil man von allen sinnlichen Merkmalen und Qualitäten absehen muss, um das zustande zu bringen. Man muss dann eigentlich ein Vorstellen betätigen lernen, das zwar in Nebeneinander vorstellen kann, aber nicht konkret wird. Man hat dann eine nicht konkrete Beziehung eines Nebeneinander von A und B und eine nicht konkrete Beziehung zwischen, als Nebeneinander, C und D - eine nicht konkrete Beziehung, es ist natürlich konkret, aber nicht messbar, oder farbig oder so etwas, nur räumliche Beziehung, nur Nebeneinander. Und wenn diese zwei Nebeneinander *als* Nebeneinander aufeinander bezogen werden, dann kommt die dritte Dimension, dann kann man nicht mehr weiter, dann hört die Möglichkeit für weitere Beziehungen auf, denn man hat das Äußerste geleistet im Finden der Möglichkeiten von Nebeneinander. Ein Nebeneinander, zwei Nebeneinander, drei Nebeneinander - und dann ist man im Wesen des Nebeneinander ganz angekommen, wie es überhaupt nur denkbar ist. Man kann es nicht anders denken, nicht weiterdenken.

Im letzten Schritt ist man plötzlich wiederum in der Anschauung des Raumes, indem man sich bewusst wird: Ich habe zwei Nebeneinander als Nebeneinander aufeinander bezogen, und da habe ich tatsächlich drei Dimensionen. Das wird wiederum eine räumliche Erfahrung. Man geht natürlich vom Raum aus, denn man weiß natürlich schon von Anfang an, was Raum ist, aber man legt alles ab, was mehr ist, anders ist als Raum, als Nebeneinander. A und B nebeneinander, C und D nebeneinander, und dann das Nebeneinander der beiden Nebeneinander. Und da fühlt man: Da ist man ganz aus allen spezifischen Merkmalen heraus, aber nicht aus den Beziehungen, die mit dem Nebeneinander zu tun haben, da ist man noch drin, nur nicht mehr spezifiziert. Also ganz in der Wesenheit der Möglichkeiten des Nebeneinander. Dann ist man wieder in den Raum zurückgekommen, aber mit einer bereicherten Erfahrung, was Raum ist. Der Begriff hat sich bereichert. Zuerst war es vage, jetzt ist es schon viel deutlicher geworden, und ich weiß, dass, wenn man das wiederholt, es immer deutlicher wird; dass das, was man das erste Mal hat, noch lange nicht das ist, was man haben kann.

Man kann natürlich allerlei erleben. Ich könnte mir vorstellen, dass es auch ein Würfel werden kann. Wenn ich daran denke, wie Rudolf Steiner das apokalyptische Siegel für den Heiligen Gral hat malen lassen, sieht man, dass der Raum als ein Quadrat, ein Würfel dargestellt ist, das ist der Raum. Es ist doch interessant, dass dann jemand hier ist, der durch diese Übung in eine Würfelvorstellung hineinkommt? Vielleicht kennen Sie dieses Bild mit der Schlange darum herum, und dann geht das hoch, und dann kommt die Taube. Dieser Raum ist es dann eigentlich, der geläutert werden muss, der noch ganz mit Schlangen durchwoben und umwoben ist, und das muss sich daraus erheben. Da haben wir wieder eine Vorstellung vom Heiligen Geist, der als Taube herunterkommt in eine geläuterte Seele. Solche Übungen sind Grundlage für die erste Stufe der Läuterung, wo man ein reines Denken anhand der Kategorien formt.

Interessant ist dann, dass Rudolf Steiner in dieser Betrachtung weitergeht und nun Folgendes sagt: Man kann das mit mehreren Begriffen machen und kommt eigentlich immer, wenn man das unter einen Gesichtspunkt bringt, zu einer ideellen Einheit, die höher ist, als das, was man zuvor hatte. Er sagt :

‚Ich lerne zwei Menschen kennen: A und B. Ich betrachte sie unter dem Gesichtspunkte der Freundschaft. ‚

Ich muss also schon etwas wissen über Freundschaft. Ich weiß, was Freundschaft ist und ich kann also unter dem Gesichtspunkt der Freundschaft diese zwei Menschen betrachten.

‚In diesem Fall werde ich einen ganz bestimmten Begriff von der Freundschaft der beiden Leute bekommen. Ich nenne diesen Begriff a. Ich betrachte nun zwei andere Menschen C und D unter dem gleichen Gesichtspunkt. Ich bekomme einen anderen Begriff b von dieser Freundschaft.

Nun kann ich weiter gehen und dieses beiden Freundschaftsbegriffe aufeinander beziehen. Was mir da übrig bleibt, wenn ich da von dem Konkreten, das ich gewonnen habe, absehe, ist der Begriff der Freundschaft überhaupt. Diesen kann ich aber realiter auch erhalten, wenn ich die Menschen E und F unter dem gleichen Gesichtspunkte und ebenso G und H betrachte. In diesem wie in unzähligen anderen Fällen kann ich den Begriff der Freundschaft überhaupt erhalten. Alle diese Begriffe sind aber dem Wesen nach miteinander identisch. Und wenn ich sie unter dem gleichen Gesichtspunkte betrachte, dann stellt sich heraus, daß ich eine Einheit gefunden habe. Ich bin wieder zu dem zurückgekehrt, wovon ich ausgegangen bin.'

Versuchen wir auch das einmal. Freundschaft zwischen A und B, Freundschaft zwischen C und D - und dann Freundschaft bezogen auf Freundschaft.

(Es wird meditiert).

Teilnehmer: Ich habe da ein Problem. Wenn ich die zwei Freundschaften jetzt vergleiche, dann muss ich ja so etwas wie einen Meta-Begriff bilden. Mir kommt jetzt irgendwie der Begriff des Meta-Begriffs der Freundschaft eigentlich in die Quere.

MM: Ja, aber man darf eigentlich nicht vergleichen, sondern soll aufeinander beziehen, und das ist etwas anderes. Man bekommt Begriffe, die man im gewöhnlichen Begriffsdenken vielleicht nicht Begriff nennen würden, denn es ist keine Umschreibung oder Definition oder so etwas, sondern wirklich ein begriffliches Erleben. Wenn man zwei Menschen kennt, die man so befreundet sieht, dann hat man da einen Begriff der Freundschaft zwischen diesen beiden Menschen. Das ist etwas ganz anderes, als wenn ich wiederum zwei andere Menschen sehe, die auch Freundschaft miteinander haben, und ich dort den Begriff dieser Freundschaft fasse. Das sind zwei ganz verschiedene Arten, die sich doch beide Freundschaft nennen lassen. Und wenn ich das dann aufeinander beziehe, fällt eigentlich das Spezifische ab, und übrig bleibt die Idee der Freundschaft. Die hatte ich natürlich schon, denn sonst könnte ich nicht verstehen, dass die

Menschen Freundschaft haben. Aber durch diesen Prozess, den ich da durchmache, vollziehe, kommt eine reichere Idee der Freundschaft zustande, wobei die Idee nicht auszusprechen ist. Man kann nicht sagen: ich kann auslegen, beschreiben, was ich eigentlich gefunden habe - das kann ich nicht in dem einen Fall, nicht in dem anderen Fall und auch nicht, wenn ich sie aufeinander beziehe. Die individuellen Freundschaften verlieren ihre Bedeutung, und die eigentliche Idee der Freundschaft steigt auf.

Teilnehmer: Das wäre das, was ich als Meta-Begriff meine.

Teilnehmerin: Das erste, diese konkrete Vorstellung, und das zweite ist für mich ein erkennendes, fühlendes, also mehr vom Herzen spürendes Erkennen von dem, was zwischen den beiden Punkten oder den zwei Menschen ist und aus dem heraus ich wieder eine konkretere Vorstellung von Freundschaft finden kann. Aber die zweite Stufe ist so etwas gefühlsmäßig Erlebendes, was zwischen den beiden ist.

Teilnehmerin: Das erste fand ich noch austauschbar, aber was dann doch in den Inhalt geht: Aha, sie haben diese Inhalte. Und beim zweiten fand ich es interessant, es kam ein Gefühl, was zwischen Menschen möglich ist, und das hat mich richtig glücklich gemacht, weil es dann gar nicht mehr konkret ist.

MM: Und da hat man dann eigentlich eine lebendige Idee - die ist nicht mehr tot, die ist lebendig geworden und wirksam, bis in die Gefühle hinein. Da kommen wir dann in den Bereich *der Schöpfung aus dem Nichts*. Wir tun jetzt etwas, was gar nicht zu sein braucht. Wenn wir später zwei Freundschaften anschauen, werden wir, wenn wir das bewusst tun, anders anschauen, als bevor wir dies gemacht haben. Und so kann man sich vorstellen, dass eine Entwicklung in Gang kommt - dadurch, dass man mehr tut als das, was eigentlich für das Leben notwendig ist.

Teilnehmer: Worauf wäre es gut, den Fokus zu legen? Man kommt dann in das Wissen: Das ist jetzt das Wesen der Freundschaft, oder wie man es sagen kann, und ich wollte da natürlich eine Beschreibung finden - wahrscheinlich ist das mein Verstand, der das will. Aber das, hast du gesagt, ist ja nicht möglich. Wo in diesem Moment würdest du dann den Fokus hinrichten? Einfach auf das Wissen? Irgendwie ist es ein Wissen, oder das Gefühl - oder?

MM: Das Ganze.

Teilnehmer erneut: Und das gar nicht mit Worten beschreiben wollen?

MM: Das geht ja nicht. Man kann es natürlich versuchen. Auch in Worte zu fassen, was Freundschaft ist - ja, da muss man Dichter werden oder so etwas, oder Musiker. Wie soll man das in Worte fassen? Aber innerlich ist es dann sehr wohl erfasst, natürlich nicht vollkommen, aber doch ziemlich tiefgehend.

Teilnehmer erneut: Vielleicht ist das der Heilige Geist.

Teilnehmerin: Ich kann jetzt nachvollziehen, was du vom Bibelzitat vorgelesen hast, was Johannes über Braut und Bräutigam schreibt - einfach die Tatsache, dass das möglich ist, dass man die Möglichkeit an und für sich sieht. Im Konkreten kann man neidisch werden, aber dort nicht.

Teilnehmer: Wie kann ich das beschreiben, was ich jetzt empfinde, was für ein Gefühl ich von Freundschaft hatte? Dann kam zum Beispiel: Freunde sind gleichberechtigt. Es beschreibt nicht das Ganze, nur einen Teil von Freundschaft. Dass man einander akzeptiert. Dann kommen andere Begriffe dazu, und die kann man wahrscheinlich benutzen, um weiterzugehen, wenn man sich darauf konzentriert - oder ist dann Schluss damit?

MM: Es ist eigentlich gemeint, dass man alles andere fallenlässt und sich nur auf die Freundschaft bezieht. Wenn man zu viel danach sucht, wie man es beschreiben müsste, wird es zerstückelt, weil es etwas ganz Großes ist, was man analysiert. Man hat die Möglichkeit eigentlich nicht, dies zu beschreiben. Man müsste wirklich Künstler werden, um es in einer anderen Art darzustellen, oder vielleicht in einem Roman oder so etwas, wo man dann die Freundschaft aufblühen lassen kann. Aber das ist dann doch alles wieder zurückzuführen auf diese Idee, von der wir ausgegangen sind, denn wir brauchen keine Definition der Freundschaft, bevor wir diese Übung beginnen, wir können einfach sagen: Wir schauen eine Freundschaft zwischen zwei Menschen und noch eine an, und die beziehen wir dann aufeinander, dann kommt die Idee der Freundschaft auf. Und so sagt Rudolf Steiner, dass wir das eigentlich mit aller Erkenntnis machen könnten.

,[...] wenn wir an die Dinge betrachtend herantreten. Wir stellen konkrete Objekte unter einem allgemeinen Gesichtspunkt. Dadurch gewinnen wir Begriffe von den Einzelheiten; diese Begriffe betrachten wir dann selbst wieder unter den gleichen Gesichtspunkten, so daß wir dann nur mehr die Begriffe der Begriffe vor uns haben; verbinden wir auch diese noch, dann verschmelzen sie in jene ideelle Einheit, die mit nichts anderem mehr, als mit sich selbst unter einen Gesichtspunkt gebracht werden könnte.'

Der Begriff der Freundschaft überhaupt. - Und man kann unmittelbar erleben, dass kein Mensch dazu gezwungen wird, solche Gedankenprozesse im Leben zu vollführen. Das muss man wirklich frei wollen. Es ist natürlich etwas, was sich in der Unbewusstheit im Erkenntnisprozess vollzieht, aber wenn wir das ins Bewusstsein hineinbringen, wie Rudolf Steiner es hier tut - ja, das ist nicht nötig, man braucht das nicht zu tun, es ist nicht eine karmische Notwendigkeit da, dass man solche Gedankenprozeduren macht. Also da ist man wirklich frei. Und das war für mich auch wiederum eine sehr bedeutsame Erfahrung um dieses Bilden der Idee herum, dass da fortwährend eigentlich auch die freie Tätigkeit erlebbar ist. Man braucht das wirklich nicht zu tun. Und das gilt eigentlich für alle Begriffsbildung.

Teilnehmer: Aber es besteht jetzt die Gefahr: Wir haben jetzt immer die Kategorie der Relation betrachtet. Wenn ich nun etwas anderes nehme, zum Beispiel den Tisch, kann ich genau die Vielfalt der Tische unter demselben Gesichtspunkt zusammenfassen. Aber dann komme ich zum

Wesen des Tisches. Komme ich da also in eine andere Kategorie hinein, wenn ich nur einen einzelnen Begriff in seiner Vielfalt studiere, als wenn ich einen Beziehungsbegriff nehme?

MM: Ja, die Beziehungsbegriffe führen über die Notwendigkeit hinaus, die Begriffe jedoch, die mit den tatsächlichen Dingen zu tun haben, eigentlich nicht. Nur, wenn man sich dann zum Beispiel über die Schönheit eines Tisches freut oder sieht, das ist antik, und erkennt, aus welcher Periode das kommt, oder das ist mein Lieblingstisch ... so etwas. Dann wird das natürlich viel mehr als nur der Tisch. Man braucht es eigentlich nur zu tun. Wenn man es so macht, dass man über verschiedene Tische denkt, wie der Begriff in verschiedenen Tischen ähnlich ist, wird man schon erleben, dass das etwas anderes ist - dass man dann mit einer anderen Tätigkeit im Denken zu tun hat, als wenn man mit diesen Beziehungen arbeitet.

Teilnehmer: Bei einer Freundschaft ist es wichtig, dass man immanent bleibt. Ich habe versucht, das abzugrenzen. Die Bekanntschaft und die Ehe, das sind auch Beziehungen. Die Freundschaft liegt dazwischen. Aber ich glaube, dann gehen wir aus der Freundschaft hinaus und versuchen, sie zu kontrastieren, um einen besseren oder deutlicheren Begriff von Freundschaft zu kriegen. Aber wenn ich es recht verstanden habe, möchte die Übung gerade nicht vergleichen? Aber ein Vergleich ist auch Beziehung?

MM: Ja, aber da wird es schon angefüllt, da wird schon etwas hinzugenommen - dass man das eine gegen das andere absetzt oder so etwas. Aber hier geht es nur darum, dass man die eine Freundschaft begrifflich erlebt, die andere begrifflich erlebt und sie dann in der Beziehung unter dem Gesichtspunkt Freundschaft zusammenführt.

Teilnehmerin: Man erlebt dann wirklich, dass der Begriff von innen aufsteigt. Also von innen schon da ist. Dass ich weiß, was Freundschaft ist, anhand dieser Beispiele, dass ich nicht von außen her definieren und zusammenfügen muss, sondern, dass an diesem Beispiel von innen her ein Wissen aufsteigt. Ich weiß was der Unterschied ist zwischen Freundschaft und Kameradschaft. Und da kommt dann dieser Satz, wo Steiner sagt, dass Begriffe nicht mit Worten zu erklären sind und nicht mit Worten zu sagen sind:

‚Durch das Denken entstehen Begriffe und Ideen. Was ein Begriff ist, kann nicht mit Worten gesagt werden. Worte können den Menschen nur darauf aufmerksam machen, daß er Begriffe habe. Wenn jemand einen Baum sieht, so reagiert sein Denken auf seine Beobachtung. Zu dem Gegenstand tritt ein ideelles Gegenstück hinzu und er betrachtet den Gegenstand und das ideelle Gegenstück als zusammengehörig. Wenn der Gegenstand aus seinem Beobachtungsfeld verschwindet, so bleibt nur das ideelle Gegenstück davon zurück. Das Letztere ist der Begriff des Gegenstandes.' [2]

Teilnehmerin: Also man hat einen Begriff, aber man kann es nicht erklären oder wie? Wenn man das aufeinander bezieht, hat man Begriffe? Ich hatte auch Gefühle, aber das ist vielleicht gerade das, was man nicht haben sollte?

MM: Ja, doch. Aber es geht hier darum, dass es sich nicht in Worte fassen lässt. Dass man sie schon hat, die Begriffe, aber was es nun ist, was der Begriff umfasst, das kann man nicht in Worte bringen. Wenn man den Baum sieht, weiß man, es ist ein Baum, und das weiß man, weil man den Begriff des Baumes hat. Und wenn man den Baum sieht, dann hat man den Begriff des Baumes. Nun versuch mal zu beschreiben, wodurch du weißt, dass es ein Baum ist, wenn du den Baum siehst. Es ist etwas ganz Gewaltiges, und ich könnte natürlich versuchen, das zu beschreiben und es abstrakt vielleicht mehr oder weniger abzugrenzen, was begrifflich ein Baum ist, aber man weiß natürlich eigentlich: Das ist etwas ganz Großes, was man da weiß, und das lässt sich nicht so einfach in Worte fassen.

Teilnehmerin: Es ist doch manchmal so, dass man innere Gewissheiten hat - man weiß einfach etwas, aber man kann nicht erklären, weshalb. Du hast ja gestern erzählt, wie das ist mit der Liebe in der Handlung. Ich wusste immer: Das kann nicht die Liebe, die normale gewöhnliche

---

[2] Rudolf Steiner, Die Philosophie der Freiheit, 4. Kapitel.

Liebe sein und dann ist man frei. Das sagen ja gewisse Anthroposophen, man muss nur die Liebe zur Handlung haben. Dann hast du erklärt, dass man, wenn man das Denken umwandelt, bis Saturn geht, sich mit der Moralität verbindet, dann wieder auf die Erde kommt - dann hat man die Liebe zur Handlung, das ist ja eigentlich gemeint.

MM: Der Weg vom freien Denken zur Handlung, die mit diesem freien Denken durchdrungen wird, das ist die Liebe zur Tat. Und dann kommt es darauf an, dass das klar wird, was nicht bedeutet, dass man es auch aufschreiben kann, aber dass man es für sich selbst in die Klarheit bringt. Diese Übung ist ein Beispiel. Mit diesen zwei Übungen, die wir hier gemacht haben, haben wir Beispiele für Begriffsentwicklung. Und was entsteht, ist eine Idee, die jeder Mensch innerlich in sich trägt, man kann diese Idee immer weiter zur Entfaltung bringen. Wenn man so eine immer reichere Idee von dem bekommt, was Freundschaft ist, sucht man natürlich auch im äußeren Leben immer mehr die Freundschaft. Es wäre natürlich ein bisschen merkwürdig, wenn man nur die *Idee* der Freundschaft bilden möchte und im *Leben* keine Freundschaft suchen würde. Was man als eine immer reinere und lebendigere Idee bildet, darin liegt auch ein Trieb, das dann in Handlungen oder Beziehungen auf Erden überzuführen. Das ist dann *die Liebe zur Tat*.

Teilnehmerin: Dann erlebe ich, dass es im Werden ist, also nicht fest bleibt, sondern immer im Werden.

MM: Ja, das ist das Lebendige, dass es nicht ein Mineral ist, einmal so ist, wie es ist, sondern etwas ist, das wächst und blüht, sich dann auch wieder in sich selbst zurückzieht und so weiter.

Gut, machen wir eine Pause und gehen dann im letzten Teil noch weiter darauf ein, wie im Erleben, im Gefühlsleben, die Schöpfung aus dem Nichts gefunden werden kann, spontan, *aber auch in Kultur gebracht*.

VIERTE STUNDE

Zürich, 7. April 2018

Ich habe gestern in Bezug auf ‚Die Philosophie der Freiheit' über die Vortragsreihe ‚Anthroposophische Gemeinschaftsbildung' gesprochen. Da spricht Rudolf Steiner über die ‚Philosophie der Freiheit', aber er spricht auch darüber, dass man, wenn Anthroposophen sich zusammenfinden, um geisteswissenschaftlich miteinander zu arbeiten, wie wir das heute tun, eigentlich die Kunst des Idealisierens erlernen muss und dass eigentlich schon der Raum, in dem man zusammensitzt, in gewissem Sinne zu einem Heiligtum gemacht werden müsste, nicht durch äußerliche Maßnahmen, sondern dadurch, dass die Teilnehmer es so empfinden, dass man einen Raum betritt, in dem geisteswissenschaftlich gearbeitet werden wird. Und wenn man nachliest, was Rudolf Steiner da sagt, ist das sehr stark. Man sollte eigentlich, wenn man die Schwelle des Raumes übertritt, nicht mehr derselbe Mensch sein, der man zuvor war, man sollte idealisierend hineinkommen und sich dann auch untereinander idealisierend verhalten. Dass man die Brüder und Schwestern auch wirklich so erlebt - und dass dadurch, dass gemeinschaftlich geisteswissenschaftliche Inhalte aufgenommen werden, eine Verbundenheit entsteht, die weit über das Alltägliche hinausgeht.

Wenn man das jetzt so unter dem Gesichtspunkt ‚Schöpfung aus dem Nichts' betrachtet, sieht man, dass Rudolf Steiner gehofft hat, dass in den Zweigen und Studiengruppen und überall, wo Anthroposophen zusammen aktiv werden, eine starke Idealisierung der Verhältnisse stattfinden würde. Dass man nicht einfach so aus der Küche kommt, wo man Geschirr gespült hat, und dann hier in derselben Verfassung hineinkommt und sich setzt und einfach anfängt, sondern dass eine Art Übergang geschaffen wird von der alltäglichen Welt in die Welt, wo man als Brüder und Schwestern zusammen Geisteswissenschaft aufnimmt.

Und das ist es eigentlich, was vorher, 1909, in diesem Vortrag über die Schöpfung aus dem Nichts geschildert wurde als eine Schöpfung aus dem Heiligen Geist. Dass wir nicht nur sind, wer wir im Alltag sind, sondern dass wir auch sind, wer wir im höheren Sinne sind, das tritt hervor, wenn man zusammen Anthroposophie studiert. Das ist die beste Gelegenheit, die man hat, einander in einer Gestalt kennenzulernen, die in der Küche nicht da ist. Das gilt für die anthroposophische Arbeit, und natürlich müsste das für alle spirituelle Arbeit Geltung haben, auch wenn man in eine Kirche hineingeht. Das erinnert mich daran, dass in der Kathedrale von Chartres der Pilger nicht durch das Westportal gegangen ist, was eigentlich der Haupteingang ist, sondern durch das Tor der Läuterung an der Nordseite - das Mariaportal. Da ging der Pilger hinein und wollte sich zuerst rein machen, bevor so pontifikal durch das Westportal hineingegangen wurde. Ja, so etwas ist das - dass man auch in eine Kirche eigentlich nicht einfach so eintreten kann, sondern dass man sich immer, auch wenn es nicht die Kathedrale von Chartres ist, Vorstellungen darüber manchen muss, dass das eine Stätte ist, wo man in der geistigen Welt ist, nicht mehr in der alltäglichen Welt, und dass man da nicht so sein kann, wie man draußen ist.

Das ist eine Art von Schöpfung aus dem Nichts. Und es leitet dazu an, sich bewusst zu werden, dass das ganze Leben eine Erhöhung der Gefühle braucht. Nicht nur, wenn man Geisteswissenschaft studiert, sondern sogar auch, wenn man in der Küche ist, könnte man sich anders verhalten, als einfach nur auf die Tatsachen und Pflichten und so weiter zu achten.

Dafür nun hat es einen großen ‚Meister' gegeben, bei dem wir in die Lehre gehen können, und das ist *Novalis,* der mitten unter anderen Sätzen *die Kunst des Romantisierens* beschreibt. Er hat ganz viele Dinge einfach notiert, und man kann sie alle in Büchern finden, also nicht nur Gedichte und Romane, sondern auch Gedanken, Absichten und Beziehungen hat er aufgeschrieben - und das ist eine wunderbare Quelle, einen Menschen kennenzulernen, der es gewohnt war, aus dem Nichts zu schöpfen. Er hat so viele Gedanken gehabt, die man gar nicht zu haben braucht, aber die dem Leben seine Farben und seine Heiligkeit geben, so dass man in ihm einen Lehrer hat. Mitten zwischen all diesen Zeilen stehen vier, die ich schon oft zitiert habe. Aber ich muss das heute wirklich wiederum tun. Er ruft die Menschen dazu auf, zu romantisieren, was eigentlich ein Idealisieren ist. So dass man im gewöhnlichen Leben die Dinge in ein anderes Licht stellt, so dass die Idee in der Wirklichkeit aufleuchtet.

Und das tut man dadurch, dass man dem Gemeinen einen hohen Sinn gibt, dem Gewöhnlichen ein geheimnisvolles Ansehen, dem Bekannten die Würde des Unbekannten und dem Endlichen einen unendlichen Schein. Dadurch romantisiere ich.

Wenn diese Tätigkeit entwickelt werden soll, muss man sich doch immer wieder meditativ damit einlassen, damit sie stärker wird und dann auch Impuls werden kann. Denn das Leben gibt genügend Stürme, wodurch alles wieder wegweht, weggeblasen wird, und meistens sind die Absichten, die wir uns im gewöhnlichen Denken vornehmen, nicht stark genug.

Also versuchen wir einmal den Begriff zu fassen, was es ist, wenn man *dem Gemeinen einen hohen Sinn verleiht.*

(Es wird meditiert).

Vielleicht können Sie sagen, was das bedeutet, was soll man eigentlich tun?

Teilnehmer: Mir ist in den Sinn gekommen, das heißt einfach: das Tun mit voller Aufmerksamkeit.

Teilnehmerin: Könnte man denn sogar eine Tram betreten mit dem gleichen Gefühl, wie man jetzt eben einen Raum, in dem spirituelle Arbeit geleistet wird, betreten sollte, und sogar das gewöhnlichste, die Tram so betreten, wie wenn es ein Tempel wäre?

Teilnehmerin: Ich finde, dass man vielleicht von ganz alltäglichen Gefühlen ausgeht, vielleicht auch ein bisschen lauwarmen Gefühlen, diese dann verstärkt, und durch diese Verstärkung der Gefühle eröffnen sich größere Zusammenhänge. Und dann merke ich einfach, dass sich gleichsam Bewusstseinsräume erweitern, es stellt mich in einen immer größeren Zusammenhang hinein. Ich habe das jetzt probiert mit dem Abwaschen, ganz lapidar, und habe gemerkt, dass sich alles in dieser Tätigkeit befindet, bis zur Dankbarkeit, dass wir Wasser haben, das geht immer weiter.

MM: Ja.

Teilnehmer: Ich habe den Eindruck, manchmal ist es das, dass man etwas Unsichtbares sichtbar macht. Wenn ich einkaufen gehe, stelle ich mir vor, dass die Menschen, die beteiligt waren, um die Waren herzustellen, unsichtbar in diesem Raum stehen, und ich bin real verbunden, denn sie waren alle an der Wertschöpfungskette beteiligt. Und ich sehe nicht nur das Resultat, ich sehe den Prozess und die Menschen. Es ist eine reale Begegnung, wenn ich einkaufe, mit den Unsichtbaren, die beteiligt waren.

Teilnehmer: Ich finde das letzte Wort, das ‚geben‘, ganz entscheidend - die Aktivität, diesen hohen Sinn hineinzubringen und eben nicht von der Wahrnehmung automatisch in die Vorstellung zu verfallen. Das ist ja etwas, was passiert. Das heißt, dann ist die Antipathie oder die Sympathie zu viel.

MM: Es geht darum, in allen Dingen und Tatsachen, für die wir ganz gewöhnliche Begriffe und Erklärungen haben, immer und überall den hohen Sinn, die *übersinnliche* Bedeutung, den Zug der Vollendung wiederzufinden. Man muss dann damit anfangen, durch innerliche Aktivität mehr Sinn zu finden, als sich gewöhnlich von selbst ergibt. Man braucht dazu eine rege Phantasie, die jedoch nicht die Wirklichkeit verliert.

Und dann kommt *der zweite Aufruf*:

‚Dem Gewöhnlichen ein geheimnisvolles Ansehen geben.'

(Es wird meditiert).

Was für Beispiele können wir hier finden?

Teilnehmerin: Das Gewöhnliche hat so etwas Fertiges, etwas, was schon fertig ist. Das Geheimnisvolle überhaupt nicht, das ist überhaupt nie fertig. Das hat sich für mich sehr geöffnet, eigentlich zu einer Quelle von Möglichkeiten. Dass das noch möglich wäre und das, ist wie zu einer Quelle geworden.

Teilnehmer: Vielleicht könnte man sich den Sternenhimmel vorstellen, den Sie so schön beschrieben in einem Buch von Ihnen, auch bei Novalis.

Teilnehmerin: Wenn man zum Beispiel eine Mutter mit einem Kind sieht, finde ich es noch einfach, hier das Geheimnisvolle zu erleben. Aber dann gibt es Erscheinungen in der Welt, die ich schwer zu etwas Geheimnisvollem erheben kann. Man sitzt irgendwo und liest eine Zeitung, und dort wird es für mich schwierig. Aber dort müsste man ja ansetzen.

Teilnehmer: Ich hatte mir vorgestellt, mich erinnert, wie ich vorhin aus dem Haus gegangen bin. Das mache ich so, ich gehe gewöhnlich aus dem Haus raus, und dann stehen die Häuser da, aufrecht zum Himmel, er ist blau. Es war so gewöhnlich. Aber als ich versuchte, dem etwas Geheimnisvolles zu geben - plötzlich ist es auch geheimnisvoll. ... Aber das ich das tun muss, es muss etwas in mir geschehen, um das zu sehen.

MM: Schöpfung aus dem Nichts wäre das. Das gewöhnliche Ansehen, das gehört zur Notwendigkeit, und dies führt zur Schöpfung aus dem Nichts und dann natürlich sogar zu der Schöpfung aus dem Nichts durch den Heiligen Geist. Das spürt man hier doch wirklich deutlich, dass man hier eine Methode hat, sich aufzuerwecken, über die gewöhnlichen Gedanken-, Gefühls- und Willensschöpfungen hinaus zu dem Heiligen Geist sich zu erheben und dann mit diesem die alltägliche Welt zu erleben. Das ist es eigentlich, was Sie beschreiben. Das geheimnisvolle Ansehen ist eigentlich immer da, aber weil man es nicht miterlebt, ist es auch nicht da. Es hängt also von uns ab, ob es irgendwo, irgendwie erlebt wird oder nicht. Und das ist dann natürlich mit Zeitungsberichten schon sehr schwierig, aber auch darin könnte man immer noch Anhaltspunkte finden, wo etwas Geheimnisvolles durchschimmert. Der hohe Sinn hat Verwandtschaft mit einem Begriff. Da ist das *Denken* übersinnlich tätig. Ein geheimnisvolles Ansehen ist viel mehr eine Erhöhung der *Wahrnehmung*. Wir versuchen, hinter den gewöhnlichen Sinneswahrnehmungen das Geheimnisvolle an zu schauen.

Wir können das in den kommenden Tagen wirklich einmal versuchen, dass wir uns vornehmen: Ich nehme jeden Tag einen Zeitungsbericht und versuche, das geheimnisvolle Ansehen darin zu finden.

Teilnehmer: Wir haben ja schon im Denken selbst dieses Geheimnisvolle, weil man nicht sagen kann, was ein Begriff ist, und das ist ja ein zweiteiliges. Man kann sagen, wer verstanden hat, der versteht nicht mehr, aus dieser Sphäre ist etwas herausgefallen. Und hier ist auch das Geheimnisvolle. Man kann versuchen, in dieser Aktivität zu bleiben und die zu etwas Formbaren und zu einem Geheimnisvollen zu machen.

MM: So ist auch das gewöhnliche Denken in einer anderen Art anzuschauen. Als etwas Geheimnisvolles!

Teilnehmerin: Aber die Kinder, die können das. Müssten wir eben werden wie die Kinder.

Der *dritte Aufruf* ist:

‚Dem Bekannten die Würde des Unbekannten geben.'

(Es wird meditiert).

Gibt es dafür noch Beispiele?

Teilnehmer: Ich erlebe da ganz stark, was du in ‚Suche das Licht' unter ‚Philosophie im Erstaunen' beschreibst. Beim Bekannten, da weiß man schon, da ist keine Frage da, und im Unbekannten ist diese fragende Haltung da, diese Verwunderung, und es ist wirklich das Ziel, sein Wissen auszuschalten, obwohl man es schon kennt. Und wieder auch für das Bekannte dieses Erstaunen wachzurufen, immer wieder neu.

MM: Ja, du erzählst Märchen, die du bereits kennst, und wie würde das je interessant sein für die Zuhörer, wenn die Bekanntheit darin säße. Ich denke, das ist doch beim Erzählen eine Kunst, dass man das Bekannte eigentlich nicht beachtet und es so erzählt, als ob es das erste Mal ist. Das ist im alltäglichen Leben eigentlich fortwährend der Fall, dass man sich in bekannten Bezügen bewegt.

Teilnehmer: Man könnte auch den Begriff des Verstehens erweitern, oder ersetzen durch Fragen. Fragen, das ist eine Gebärde, die wir machen müssen. Wir müssen uns so bewegen, dass wir eine Antwort bekommen können. Und es gibt im Deutschen so ein schönes Wort, die Fragwörter, die Fragwörter des Menschen.

Teilnehmerin: Ich glaube, dass wir im Unbekannten viel mehr auf Empfang gehen oder uns öffnen, und dann können sich Dinge zeigen, die sich gar nicht zeigen können, wenn wir schon Urteile haben. Beim Bekannten sind viele Urteile schon ganz klar und fertig. Da geht man gar nicht mehr in diese Richtung hinein. Und das gibt eben auch die Würde, das finde ich so schön. Es gibt eine Würde und eine Öffnung.

Teilnehmer: Es gibt ja auch diese Übung für dieses Empfangen, die Übung, um die Erkenntnisfähigkeit zu verwandeln: das Staunen, die Ehrfurcht, der Einklang, im Einklang sein und dann die Ergebenheit.

Teilnehmer: Ich habe es auf einen Menschen bezogen, auf einen bekannten Menschen. Und jetzt eine Würde des Unbekannten zu geben, ist total spannend. Bekannt für mich. Ich weiß, wie er oder sie ist, total klar, ich weiß alles, und wenn ich dem die Würde des Unbekannten geben würde, wie am Anfang bei den zwei Beziehungen, dann sehe ich ganz neu. Ich habe meine Frau vorgestellt, wenn ich ihr die Würde des Unbekannten geben würde - das ist ja auch der Anfang.

Teilnehmer: Das große Unbekannte ist das Schaffen der göttlichen Welt. Und wenn man versucht, irgendetwas, einen Gegenstand, unbekannt zu lassen, hilft man dem schaffenden Gott, sich auszusprechen.

MM: Alles, was bekannt ist, wird übersehen, als eine Selbstverständlichkeit ganz nüchtern hingenommen. Das Unbekannte fasziniert und verwundert, wirkt rätselhaft. Diese Würde können wir dem Bekannten, als ob es ein Unbekanntes ist, wiedergeben.

MM: Und *der vierte Aufruf:*

‚*Dem Endlichen einen unendlichen Schein geben.*‘

(Es wird meditiert).

Auch davon noch Beispiele?

Teilnehmerin: Für mich hat das die größte Dimension von allen Vieren, und ein Türöffner war für mich jetzt das Wort Schein, also im Sinne von Glanz oder Beleuchtung, die Beleuchtung des Ewigen geben.

Teilnehmer: Ich fand eigentlich nur Beispiele, die im Physischen endlich sind, zum Beispiel, dass das physische Leben zu Ende geht, und dann, wenn ich die geistige Seite dazu nehme, wird es ewig. Eine Blume, die abstirbt, aber der Same lebt weiter. Aber ich habe mir überlegt, ja - ich fand das Endliche nur im Physischen, und wenn man irgendwann einmal davon ausgeht, dass es die geistige Welt gibt, habe ich gedacht, gibt es ja gar nichts Endliches.

Teilnehmer: Wenn man die Pflanze anschaut, kann man vielleicht auch versuchen, diese drei Ebenen mit einzubringen: Einmal das Vatergöttliche, diese Welt der Dinge, und dann wäre das Sohnesgöttliche, dass man den Raum macht, wo diese Pflanzen gedeihen können, und dann der

Heilige Geist, der uns vielleicht dann die Anschauung bringt, was Sie von der Göttin Natura geschrieben haben, die jetzt zum Leben erwacht.

Teilnehmer: Mir schien das plötzlich ganz spärlich, weil ich dachte, wo kenne ich eigentlich Unendliches? Was ich kenne, ist alles endlich. Vielleicht Begriffe, Ideen, aber ich weiß auch nicht, ob das wirklich unendlich ist. Ich habe gesucht, aber so konkret konnte ich es nicht finden.

MM: Das ist eigentlich das Umgekehrte von dem, was zuvor gesagt wurde: Dass er das Endliche eigentlich nicht mehr kennt und so mit dem Unendlichen vertraut ist, dass das Endliche eigentlich die Bedeutung verloren hat. - Im alltäglichen Leben sind wir ganz vom Endlichen umgeben, und vielleicht empfinden wir uns sogar selbst als ein Teil des Endlichen. Romantisieren ist ein fortwährendes Durchleuchten und Durchstrahlen des Endlichen mit der Unendlichkeit, die aller Endlichkeit zugrunde liegt und zu der alle Endlichkeit zurückkehrt. Aber auch dafür muss eine neue Aktivität entfesselt werden, die dann auch noch zu einer neuen Gewohnheit werden muss.

Ja, so haben wir heute Mittag zuerst Übungen für eine Schöpfung aus dem Nichts durch das Denken gemacht und dann im zweiten Teil mit dem Fühlen. Und vielleicht kann ich Ihnen den Schluss von ‚Wahrheit und Wissenschaft' vorlesen, um dann auch zu der Schöpfung aus dem Nichts in der Handlung zu kommen. Da sagt Rudolf Steiner in der ‚praktischen Schlussbetrachtung' in ‚Wahrheit und Wissenschaft':

‚Unsere Lebensführung ist ihrem ganzen Charakter nach bestimmt durch ihre sittlichen Ideale. Diese sind die Ideen, die wir von unseren Aufgaben im Leben haben, oder mit anderen Worten, die wir uns von dem machen, was wir durch unser Handeln vollbringen sollen. Unser Handeln ist ein Teil des allgemeinen Weltgeschehens. Es steht somit auch unter der allgemeinen Gesetzmäßigkeit dieses Geschehens. Wenn nun irgendwo im Universum ein Geschehen auftritt, so ist an demselben ein Zweifaches zu unterscheiden: der äußere Verlauf desselben in Raum und Zeit und die innere Gesetzmäßigkeit davon. Die Erkenntnis dieser Gesetzmäßigkeit für das menschliche Handeln ist nur ein besonderer Fall des Erkennens. Die von uns über die Natur der Erkenntnis abgeleiteten Anschauungen müssen also auch hier anwendbar sein. Sich als handelnde Persönlichkeit erkennen, heißt somit: für sein Handeln die entsprechenden Gesetze, d. h. die sittlichen Begriffe und Ideale als Wissen zu besitzen.

Wenn wir diese Gesetzmäßigkeit erkannt haben, dann ist unser Handeln auch unser Werk. Die Gesetzmäßigkeit ist dann nicht als etwas gegeben, was außerhalb des Objektes liegt, an dem das Geschehen erscheint, sondern als der Inhalt des in lebendigem Tun begriffenen Objektes selbst. Das Objekt ist in diesem Fall unser eigenes Ich. Hat das letztere sein Handeln dem Wesen nach wirklich erkennend durchdrungen, dann fühlt es sich zugleich als der Beherrscher desselben. Solange ein solches nicht stattfindet, stehen die Gesetze des Handelns uns als etwas fremdes Gegenüber, sie beherrschen uns; was wir vollbringen, steht unter dem Zwang, den sie auf uns ausüben. Sind sie aus solcher fremden Wesenheit in das ureigene Tun unseres Ich verwandelt, dann hört dieser Zwang auf. Das Zwingende ist unser eigenes Wesen geworden. Die Gesetzmäßigkeit herrscht nicht mehr über uns, sondern in uns über das von unserm Ich ausgehende Geschehen. Die Verwirklichung eines Geschehens vermöge einer außer dem Verwirklicher stehenden Gesetzmäßigkeit ist ein Akt der Unfreiheit, jene durch den Verwirklicher selbst ein solcher der Freiheit. Die Gesetze seines Handelns erkennen heißt sich seiner Freiheit bewusst sein. Der Erkenntnisprozess ist, nach unseren Ausführungen, der Entwicklungsprozess zur Freiheit. Nicht alles menschliche Handeln trägt diesen Charakter, in vielen Fällen besitzen wir die Gesetze für unser Handeln nicht als Wissen. Dieser Teil unseres Handelns ist der unfreie Teil unseres Wirkens. Ihm gegenüber steht derjenige, wo wir uns in diese Gesetze vollkommen einleben. Das ist das freie Gebiet. Sofern unser Leben ihm angehört, ist es allein als sittliches zu bezeichnen. Die Verwandlung des ersten Gebietes in ein solches mit dem Charakter des zweiten ist die Aufgabe jeder individuellen Entwicklung, wie auch jener der ganzen Menschheit. Das wichtigste Problem alles menschlichen Denkens ist das: den Menschen als auf sich selbst gegründete, freie Persönlichkeit zu begreifen.'

Und das Vermittelnde, die Vermittlerin zwischen Denken und Handeln ist immer das Fühlen, und das haben wir dann durch das

Romantisieren in die Nähe des Heiligen Geistes gebracht. Zuerst haben wir Gedanken geübt, Begriffe geübt, die sich im Bereich der Schöpfung aus dem Nichts aus dem Heiligen Geist finden lassen. Und hier am Ende des Buches ‚Wahrheit und Wissenschaft' steht die freie Handlung beschrieben. Aber dazwischen lebt das Romantisieren. Und ich glaube nicht, dass es möglich ist, sich der Gesetze des Handelns in ihrer Gesetzmäßigkeit bewusst zu werden, wenn nicht diese Vermittlerin so zum Idealisieren erzogen wird.

Also wenn wir das gewöhnliche schwache Gefühlsleben zwischen dem Denken und dem Handeln haben, kommen wir nicht zur Freiheit, dann kommen wir zu einer Abstraktion der Freiheit. Die wirkliche Freiheit ist ein freies, reines, willensdurchstrahltes, begriffliches Denken, das sich durch ein romantisierendes, idealisierendes Gemüt hindurch denkend mit dem Willen verbindet. Und dann wird der Mensch immer mehr zu einem Wesen, das sich selbst aus dem Nichts hervorbringt. Die Erschaffung, die kontinuierliche Erschaffung des Ich aus dem Nichts, durch ein reines begriffliches Denken, ein romantisierendes, idealisierendes Gemüt in Verbindung mit einer Willenswelt, in der der Mensch seine Ideale so kennt, dass er sie auch mit seinen Handlungen durch idealisierende Liebe hindurch verbinden kann.

Das also ist es, was die Frage von Ihnen aufgerufen hat. Ich weiß nicht, ob alle Fragen jetzt auch wirklich besprochen sind. Aber im Ganzen ist dies dasjenige, was die Schöpfung aus dem Nichts für den Menschen bedeutet, was wir als Menschen aus dem Nichts schöpfen können.

ZUSAMMENFASSUNG

Durch Tode und Geburten entwickelt der Mensch sich in Evolution und Involution. Wenn das Geistige in Evolution ist, involuiert das Leibliche; wenn das Leibliche evoluiert, involuiert das Geistige. Die Seele ist die Vermittlerin, sie erlebt beide Prozesse intensiv mit und sucht die richtige Position.

In einem Vortrag von 1909 hat Rudolf Steiner diese beiden Prozesse beschrieben und zeigt, wie der Mensch den Gesetzen der Evolution und Involution zu folgen hat. Es gibt jedoch im menschlichen irdischen Leben eine Fähigkeit, tätig zu sein, ohne aus dem Vorhandenen oder Notwendigen zu schöpfen. Das tun alle Menschen, man braucht dazu kein Anthroposoph zu sein...

Gerade diese Tätigkeit, die er ‚Schöpfung aus dem Nichts' nennt, bringt den Menschen in ein Lebensgebiet, das mit dem Karma nichts zu tun hat. Er tut eigentlich Dinge, die gar nicht von Nutzen sind - scheinbar. Aber es sind diese ‚nutzlosen Dinge', die er nach dem Tod seinem wahren Ich als kostbare Eigenschaften beifügt. Die Entwicklung des individuellen Ich geschieht durch diese Tätigkeit, die der Mensch nicht zu tun braucht.

Dann werden Beispiele einer solchen ‚Schöpfung aus dem Nichts' gegeben. Sie tritt zum Beispiel auf, wenn ein Mensch das Verhältnis von zwei Freunden erlebt und überdenkt. Das braucht er nicht zu tun, er kann auch gedankenlos daran vorbeischauen.

Es gibt aber noch eine Steigerung dieser Schöpfung aus dem Nichts. Das ist, wenn der Mensch durch diese nicht notwendige innerliche Tätigkeit dazu kommt, das Wahre, Schöne und Gute zu erkennen, zu erleben, zu tun. Dann schöpft er aus dem Nichts, aber schöpft aus dem Heiligen Geist.

In diesem Seminar in Zürich habe ich im Vortrag versucht, dieses Thema in Worte zu fassen. In der zweiten Stunde haben die Teilnehmer das kommentiert und ihre Fragen darüber gestellt. Mittags gab es dann zwei Übungs-Versuche. Zuerst habe ich das Beispiel der Begriffsbildung des Raumes angeführt, wie Rudolf Steiner sie in seinen ‚Einleitungen zu Goethes Naturwissenschaftlichen Schriften‘ gibt, und wir haben diesen Begriff meditativ durchdacht. Dann haben wir das zweite Beispiel gedacht: Das Verhältnis zwischen zwei verschiedenen Freundschaften.

Im zweiten Teil des Mittags haben wir versucht, das Erleben, das Gefühlsleben, aus seiner Gefangenschaft zu befreien, damit das ‚Schöne‘ aus dem Nichts geschöpft werden kann, ohne dass es notwendig ist, dies zu tun. Dieses befreiende Erleben ist in den vier Aufrufen zum Romantisieren des Dichters Novalis zu finden.

KONTEMPLATION

Vortrag mit Übungen in Bern
8. April 2018

ERSTE STUNDE

Bern, 8. April 2018

Es ist tatsächlich so, dass wir bei diesem Thema versuchen müssen, das Unaussprechliche oder das Unsagbare doch zu umschreiben. Und es ist schwierig, es in ein Bild zu bringen, aber es ist auch schwierig, zu einer Umschreibung zu kommen. Wir werden das natürlich doch versuchen. Und vielleicht wird es nach der Pause in der Übung erst wirklich deutlich werden können, was ich jetzt versuchen werde auszusprechen.

Es hat in der christlichen Tradition schon seit Jahrhunderten das Wort Kontemplation gegeben. Es ist bekannt, dass bestimmte Klostergemeinschaften sich vor allem mit Kontemplation beschäftigt haben. Und das sind vor allem die Benediktiner und die Dominikaner gewesen - und wahrscheinlich sind sie es noch immer -, die sich mit Studium, Gebet, Meditation und Kontemplation beschäftigt haben und vielleicht noch immer tun. Bei diesen ist die Bedeutung der Kontemplation, dass man sich den Gott der Liebe vorstellt und in den Mittelpunkt der Bewusstseinsprozesse nimmt, in die Gedanken und Gefühle und auch ein bisschen mit dem Wollen. Dass man sich dann diesem Bewusstseinsinhalt vollständig hingibt, so dass der Inhalt lebendig wird und zu schenken anfängt. Also man ist eigentlich mit seinem Bewusstsein dann in dem Göttlichen darinnen und öffnet die Seele, um zu empfangen, was Gott geben will. Das ist ziemlich allgemein ausgedrückt dasjenige, was da versucht wird. Es gibt natürlich viele schöne Berichte darüber, was dann geschieht, wenn wir zum Beispiel die Berichte von der Heiligen Teresa von Ávila aus dem Orden der Karmelitinnen lesen, dann ist das sehr tiefgehend, was sie bringt.

Wenn wir Rudolf Steiners Kurs über Pastoralmedizin kennen, wissen wir auch noch etwas anderes darüber. Er hat in diesem Kurs über die Heiligen gesprochen, die mit der Kontemplation eigentlich nicht im

Stande sind, sich über das Leibliche hinaus zu erheben. Und indem sie sich mit ihrem ganzen Sein dem Göttlichen hingeben wollen, ohne selbst einem Prozess gefolgt zu sein, wodurch sie leibfrei geworden wären, mischt sich in die Empfindung des Göttlichen auch die eigene Seele ein, mit allem, was sie hat und ist, und das kann dann auch problematisch sein. Wenn sie erfahren wollen, wie Rudolf Steiner das beschreibt, erfahren Sie das in dem ‚Pastoralmedizinischen Kurs'.

Kontemplation bei Rudolf Steiner ist doch etwas anderes, das lässt sich hieraus erschließen. Wenn man den Meditationsweg nach Rudolf Steiner verfolgen will und selbst üben will, muss man eigentlich eine gewisse Strenge gegenüber sich selbst entwickeln, so dass man nicht zu schnell zufrieden ist mit Erfahrungen und Erlebnissen, die sich doch mehr oder weniger leicht einstellen und sich dann als Hellsichtigkeit offenbaren wollen. Man muss dagegen eine lange Zeit Geduld üben, bis man eine Sicherheit bekommt, dass man sich mit seiner seelischen Tätigkeit auch wirklich außerhalb des Körperlichen befindet. Da liegt eigentlich die größte Schwierigkeit. Und das unterscheidet die anthroposophische Meditation von anderen Meditationswegen und macht sie vielleicht auch weniger anziehend für manche Menschen, weil man nicht einfach auf seinem Stuhl sitzen und sagen kann: Ich öffne mich oder ich mache mich leer und öffne meine Seele für das Übersinnliche oder das Göttliche.

Die Kontemplation liegt am Ende des Weges, und man muss zuvor viel geübt haben, um dazu kommen zu können. Aber andererseits gibt es im Werk Rudolf Steiners doch einige sehr anregende Beispiele für Meditation und Kontemplation, wodurch man eigentlich unmittelbar, wenn man anfängt, ein paar Versuche machen kann. Das ist bei Rudolf Steiner immer so - man hat eigentlich einen ganz langen Weg vor sich, aber zugleich gibt es nicht ein wirkliches Ziel, wonach man strebt, das Ziel liegt immer ganz im Tun. Das bedeutet nicht, dass nicht auch eine Art von Wissen da sein muss, womit man sich nun eigentlich beschäftigt und was da alles geschieht. Und so ist es in der anthroposophischen meditativen Entwicklung das Allererste, dass man seine Gedanken konzentrieren lernt, die Konzentration.

Also der erste Schritt in der Meditation ist Konzentration. Und das bedeutet, dass man sich in seiner Seele so im Denken zusammenzieht, dass man sich selbst mit seiner Seele aus der leiblichen Tätigkeit, und zwar vor allem aus der Wesenheit seines Blutes herausbringt. Im gewöhnlichen Leben sind wir darinnen, und das müssen wir auch, man ist mit seinem Ich im Blut und hat seine Sinneseindrücke dadurch, dass dasjenige, was durch Sinne und Nervensystem hineinkommt, auf der ‚Bluttafel' eingeschrieben wird. Dadurch werden die Sinneseindrücke bewusst. Wenn man also tagsüber nicht mit seinem Ich im Blut sein würde, würde man seine Sinne nicht verwenden können.

Aber in der Meditation darf das nicht so bleiben. Da kommt es darauf an, dass man es durch Konzentration so weit bringt, dass man mit seinen Eindrücken nicht mehr in sein Blut hineinreicht, sondern sich ganz daraus zurückzieht und nur noch im Nervensystem tätig ist, und zwar so, dass man schließlich auch da herauskommt.

Der erste Schritt dazu ist die Gedankenkonzentration. Und man muss sich daran gewöhnen, dass man sich ganz aus der Außenwelt zurückzieht und verinnerlicht und im innerlichen Leben einen Inhalt wählt, der nicht aus der Sinneswelt stammt und worauf man dann seine ganze Gedankenfähigkeit konzentriert. Man muss sich also verbieten, noch etwas anderes zu denken als nur das. Und es geht dann noch gar nicht darum, dass Erlebnisse erwartet werden oder man in den Inhalt wirklich hineingeht, sondern es geht darum, sich dem Inhalt erst einmal zu nähern. Das ist die Konzentration: dass man gleichsam aus der Ferne seine Kräfte zusammenzieht, ganz um den Inhalt herum, und dann innehält und standhaft wird.

Und dann kommen unmittelbar Luzifer und Ahriman. Das ist dann unser großer Kampf, denn Luzifer bringt mehr alle innerlichen Gedanken ins Spiel und Ahriman mehr die äußerlichen Gedanken, die Sinneserinnerungen, die Sinneseindrücke, Bilder. Und so stören sie die Konzentration. Das kennt natürlich jeder, der meditieren will. Sobald man sich zusammennimmt, scheint es, als ob dasjenige, was man anstrebt, gar nicht mehr gelingen will und alles, was man eigentlich nicht dabeihaben will, sich in großer Kraft und Macht aufmacht, um zu stören.

Aber der Mensch ist, wenn er die richtige Lage, die richtige Position kennt, doch immer noch stärker als diese zwei Mächte. Und so ist es für den Menschen wirklich möglich, eine *Gedankenkonzentration* zu vollbringen und darin auch standzuhalten, solange, bis man bemerkt - und wenn man es bemerkt, ist es eigentlich schon wieder vorbei -: Ich habe meinen Leib vergessen. Wenn man das denkt, ist er natürlich unmittelbar wieder da. Es kann auch sein, dass man willentlich wieder mit der Konzentration aufhört und dann natürlich wieder zurück in den Leib geht und weiß: Ich bin außerhalb gewesen, ich habe eine kurze Zeit gehabt, in der ich nicht diese Schwere des Leibes kannte, sondern eine ganz große Leichtigkeit im Gedankenelement. Der Leib wurde ganz vergessen. Das ist die Gedankenkonzentration.

Der zweite Schritt ist dann, dass man mit einer *Meditation* anfängt, und das geht weiter als die bloße Konzentration. Denn wenn man die Meditation üben will, muss man sich nicht nur konzentrieren, dann muss auch eine Hingabe dazukommen. Die Gedankenkonzentration ist mehr Aufmerksamkeit. Jetzt wird die Aufmerksamkeit zur Andacht und zur Hingabe.

Rudolf Steiner bringt, wenn er Vorträge über Meditation hält, oft den Satz ‚Die Weisheit lebt im Licht'. Man könnte diesen Satz sehr gut dafür verwenden, um eine Gedankenkonzentration zu machen, dass man also den Vorsatz fasst: Jetzt will ich nur noch diesen Satz denken, nichts anderes, nur dies.

Aber wenn man das weiterführen will, bis in die Meditation hinein, muss eigentlich die ganze Seele sich in den Inhalt hineinbegeben. Da muss man das Licht und die Weisheit und das Leben, die Weisheit, die im Licht lebt, ganz *werden* können. Also nicht mehr: Ich habe einen Inhalt, mit dem ich mich vereinigen will, vor allem dadurch, dass ich dabei bleibe; sondern ich versuche jetzt auch wirklich, dahinein zu kommen. Und das geht natürlich nicht, wenn man die Konzentration so macht, dass man einen Satz geschrieben sieht und dann versucht, da hineinzugehen. Der Inhalt muss schon etwas Verständliches sein, obwohl es nicht mit dem Verstand verständlich ist. Denn der Verstand sagt unmittelbar: Wieso lebt die Weisheit im Licht? Das will der Verstand ja gar nicht denken. Aber wir können uns mehr geistig schon etwas dabei vorstellen, wenn es heißt, die Weisheit lebt im Licht. Und dahinein, darin versuche ich mich ganz hinzugeben, wenn ich meditiere. Und dann ist es eigentlich noch immer nicht so, dass man erwarten darf, dass viele Erlebnisse auftreten. Eigentlich geht es darum noch immer gar nicht. Rudolf Steiner beschreibt in einem Vortrag den Prozess der Meditation ganz genau und sagt dann: Es ist ein entsagungsvoller Weg, man darf eigentlich gar nicht erwarten, hellsichtige Erlebnisse zu haben. Man muss wirklich weit gehen wollen, als übender Mensch, damit man in eine solche innerliche Verfassung kommt, dass dem, was dann als Hellsichtigkeit eintritt, auch ganz zu vertrauen ist. Man muss ganz sicher sein können, dass dasjenige, was man dann hat, auch reale Erlebnisse sind und nicht Äußerungen der eigenen Wesenheit, die dann für einen selbst wohl interessant sein können, aber im Allgemeinen nicht viel weiter zu bedeuten haben.

Im Lauf der Zeit kann man in sich selbst erleben lernen, dass, wenn man mit der Konzentration nicht weit genug kommt und nicht streng genug damit umgeht und man dann in die Meditation übergeht, während die Konzentration gar nicht gelungen ist, man dann eher tiefer in seinen Leib hineinsinkt, als dass man herauskommt. Dann kommt man mit seiner meditativen Kraft ganz in sich selbst hinein und taucht in den Leib unter. Das kann man selbst erleben, dass das so geschieht, und man kann es auch bei Rudolf Steiner wiederfinden, dass viele hellsichtige Wahrnehmungen darauf beruhen, dass man sich mit seiner nicht stark genug gewordenen Denkkraft nicht außerhalb des Leibes befindet, sondern eigentlich in den Leib hineinrutscht und dann im Leib die wunderbaren Imaginationen dieses eigenen Leibes hat. Man muss damit rechnen, dass das geschehen kann. Und wenn man damit rechnet, erlebt man es auch in sich selbst als Möglichkeit, dass es zwei Wege sind. Man kann durch die starke Konzentration und Meditation erleben, dass man außerhalb des Leibes ist, nicht außerhalb im Sinne von an der Wand oder so etwas, sondern so, dass man nicht mehr das Blut erfasst. Oder andererseits, dass man sich gerade mehr mit dem Blut und dem Organischen verbindet, und das geht eigentlich leichter - es geht leichter, hinunterzurutschen in den Leib hinein und dann nicht mehr zu wissen, dass man in sich selbst mehr untergegangen ist, als herausgekommen zu sein. Da kann man allerlei Erfahrungen machen. Man könnte ein Künstler werden und zum Beispiel malen, was man dann schaut, aber man sollte eigentlich wissen: Das sind meine eigenen Organe, die ich geistig gesehen als hellsichtige Ergebnisse erfahre.

Etwas ganz anderes ist dasjenige, was Rudolf Steiner anleitet: Dass man zuerst durch Konzentration in eine leibfreie Meditation hineingeht - sich also ganz mit einer nicht sinnlichen oder aber sinnbildlichen Gedankenvorstellung vereinigt. Dann spricht nicht mehr der Leib, sondern dann kann es so weit kommen, dass der Inhalt selbst etwas sagt. Aber das soll noch immer nicht das Ziel sein. Ziel ist die Übung selbst, und man kann auch wirklich viel Freude an dem Üben selbst erleben und das Gefühl haben, ich komme jetzt in eine seelische Tätigkeit hinein, die ich im gewöhnlichen Leben nicht kannte, obwohl ich wahrscheinlich doch leise hier und da so etwas gemacht habe. Das ist an sich eine beseligende Erfahrung, auch wenn sich noch nichts offenbart. Also das Entsagen ist hier eine bedeutsame seelische Qualität.

Und dann, wenn der Inhalt schließlich wirklich spricht, auch wenn es nur ein gedankliches Sprechen ist, muss man eigentlich noch etwas tun, was noch viel, viel schwieriger ist. Denn dasjenige, was man so durch Konzentration und Meditation verstärkt hat, muss man dann wieder auslöschen. Und wenn man dahin kommt - dann erst fängt so etwas an wie Kontemplation in einer ersten Stufe. Es muss also so weit kommen, dass man unter Erhalt der Denkkraft, der Meditationskraft und der hingebenden Bewegung dasjenige, was man verstärkt in sich selbst erlebt, vergisst, dass also ein leeres Bewusstsein entsteht - aber nicht in dem Sinne, dass man nichts mehr denkt, fühlt und will, man hat gerade all diese Kräfte des Wollens, Fühlens und Denkens vielmehr in eine neue Gestalt gebracht. Und diese allein will man dann noch haben. Also dasjenige, was Hilfsmittel war, der Inhalt, das wird vergessen, und übrig bleibt die Tätigkeit. Die ganze Anstrengung, die man mit dem Denken aufgebracht hat, um außerhalb des Leibes zu kommen und sich da in einen geistigen Inhalt hineinzubegeben, diese Kraft, die man da aufgebracht hat, das wird dann *selbst* Inhalt der Meditation.

Dann hat man eigentlich nichts mehr, nichts mehr im Sinne von gewöhnlichem Inhalt, sondern man hat nur noch die Kraft. Und Rudolf Steiner beschreibt, dass dasjenige, was mit der Konzentration und der Meditation erreicht wird, also mit Konzentration und Hingabe, zuletzt zu einer Möglichkeit führt, geistige Bilder zu schauen. Und diese Bilder kommen eigentlich noch immer aus dem eigenen Selbst. Die Strenge, die man braucht, wenn man sich anthroposophisch entwickeln will, bedeutet, dass man eigentlich alles, was sich an Inhalten, die geistig zu sein scheinen, schon früh offenbart, einfach sein lässt. Und wenn man es beurteilen will, eigentlich sich zu sagen: Warte nur, denn höchstwahrscheinlich sind das alles deine eigenen Erzeugnisse und hat es mit der geistigen Welt nur insofern etwas zu tun, als du es selbst geistig-seelisch bist.

Wenn diese Stufe erreicht wird und man sich über allen Inhalt erhebt, indem man den gedanklichen Inhalt ganz fallen lässt, dann kommt aus der geistigen Welt wirklich eine Offenbarung. Aber diese Offenbarung ist dann, dass alle eigene Offenbarung schweigt. Das ist erschütternd. Die erste Offenbarung aus der geistigen Welt ist das Zum-Schweigen-Bringen des eigenen Offenbarungsdranges.

Man findet dann, dass sich dahinter, hinter der Kraft des Schweigens, erst die wirkliche geistige Welt mit Offenbarung und Wesen befindet. Und da kommt dann die Stufe der Kontemplation.

Rudolf Steiner verwendet die Worte Meditation und Kontemplation oft hintereinander und sagt Konzentration, Meditation und Kontemplation. Aber es gibt gewisse Stellen in dem Vortragswerk, wo er ganz explizit wird und sehr ausführlich darstellt, was nun eigentlich die Unterschiede sind. Und es ist wunderbar, wenn man das dann wiederum mit seiner philosophischen Arbeit zusammenbringen kann.

Es gibt eine Aufsatzreihe von Rudolf Steiner, ich nenne sie wahrscheinlich jedes Mal, Gesamtausgabe 35, ‚Philosophie und Anthroposophie' - darin gibt es verschiedene Aufsätze, und diese zeichnen sich dadurch aus, dass darin etwas betont wird, was im ganzen übrigen Werk Rudolf Steiners natürlich auch vereinzelt zu finden ist, aber nicht in der Fülle zusammengestellt, wie es in diesem Band gegeben ist. Es sind Aufsätze, in denen immer wieder mehr philosophisch beschrieben wird, wie man die naturwissenschaftliche Erkenntnishaltung umwandeln kann zu einer geisteswissenschaftlichen Haltung und Untersuchungsmethode. Jedes Mal - und immer wieder in etwas anderer Form - beschreibt er da: Zuerst ist es die Entwicklung des Denkens. Aber wenn man dieses Denken so weit getrieben hat, dass es leibfrei geworden ist, dass man es als Denkkraft erlebt, dann hat man zugleich die leidvolle Erfahrung, dass man damit eigentlich nicht mehr weiterkommt. Man kann also das Denken durch Übung und Konzentration, letztendlich auch Meditation, verstärken, aber das Denken an sich führt höchstens in die Unendlichkeit, nicht aber in die geistige Welt hinein.

Das wirklich erschütternde geistige Einsamkeitserleben liegt hier, dem kann man nicht entkommen, darf dies auch nicht wollen, denn man muss doch diese Denkkräfte verstärken. Aber sie führen nur dazu, dass man das eigene geistige Selbst erlebt und auch wirklich so erlebt, dass es an sich eine großartige Erfahrung ist. Von diesem Augenblick an, wo man das erlebt, weiß man sich selbst als existierend vor der Geburt und als existierend nach dem Tod. Es ist also nicht nichts, was da geschieht. Aber es bleibt dann dabei, und das gibt ein immer tiefer werdendes Gefühl: Bin ich also ganz allein in der geistigen Welt, gibt es nur mich als Geist? Da kommt man notwendigerweise in das luziferische Gebiet hinein, denn was man da hat, ist eigentlich eine Folge der luziferischen Versuchung, des luziferischen Einflusses im Menschen. Das ist nicht nur persönlich so, sondern das ist allgemeinmenschlich so, das wird jeder Mensch haben, da gibt es keine Möglichkeit, das nicht zu haben. Das ist also die große Frage: Ich erlebe mich als Geist in einer gewissen Ewigkeit, aber gibt es nur mich als Geist? Und das kann man natürlich nicht aushalten.

Das wird in diesem Band philosophisch beschrieben. Und man braucht dann noch eine andere innerliche Tätigkeit. Und diese Tätigkeit findet man im Übergang von der Meditation zur Kontemplation. Man muss so weit kommen können, dass es nicht nur das Denken ist, das sich verstärkt hat, so dass man in der Tätigkeit des Denkens leben kann - man muss dann auch noch den Willen finden, der sich geistig betätigt. Also nicht den gewöhnlichen Willen, sondern einen Willen, der ganz innerlich in den Bewusstseinsprozessen tätig ist. Und dieser Wille lässt sich nicht so leicht finden, wie die Kraft des Denkens. Diese Tätigkeit liegt viel weiter vom Bewusstsein entfernt.

Wir kennen diesen Willen dadurch, dass wir lernen können; dass wir uns bestimmte Fähigkeiten aneignen können. Für mich ist immer die Musik ein gutes Beispiel - dass man ein Musikstück übt und da an eine bestimmte Grenze kommt und erlebt: Ich könnte jetzt noch Stunden und Stunden weiter üben und es würde nicht besser werden. Ich habe eigentlich eine Grenze erreicht, wo meine Fähigkeit liegt, und ich kann nicht weiter kommen. Und wenn man dann das Stück wieder vergisst und es nach einiger Zeit wieder aufnimmt, ja, dann ist es natürlich zuerst wieder weggesunken, aber es kommt schnell wieder zurück, und dann fühlt man, jetzt kann ich wieder weiterkommen. Dieser Fortschritt wurde bewirkt durch den Willen, der inzwischen zu einer Fähigkeit geworden ist. Darauf beruht auch der Epochenunterricht in der Waldorfschule - dass der Geisteswissenschaftler weiß: Man kann nicht einfach so immer weitermachen mit Lernen, man muss auch Pausen machen und das Ganze wieder vergessen. Gerade im Vergessen arbeitet der Wille und bewirkt eine Fähigkeit. Dass wir in der Grundschule durch viel Mühe mit den Buchstaben schreiben gelernt haben und es jetzt so achtlos tun können, ist auch so eine Tätigkeit des Willens, die ganz im Unbewussten verläuft. Dieser Wille wird durch den Entwicklungsweg ins Bewusstsein gebracht. Aber dann muss man sich damit einlassen. Man muss wissen, wie es möglich wird, dass sich dieser Wille im Bewusstsein offenbart, denn das tut er gewöhnlich nur in seinen Folgen, in seinen Resultaten, aber nicht, während er aktiv ist.

Eine andere Tätigkeit dieses Willens ist die Selbsterziehung. Wenn man zu sich sagt, ich habe eine Eigenschaft und die möchte ich überwinden, dann ruft man den Willen auf. Jeder Mensch weiß, wie schwierig das ist, aber durch Ausharren und Durchhalten über eine lange Zeit hinweg kann es gelingen. Das ist auch dieser Wille, der dann tätig ist.

Wenn ich das so ausspreche, erlebe ich in demselben Moment wiederum, wie weit dieser Wille vom Denken entfernt ist. Aber durch die Konzentration und Meditation wird eine Möglichkeit geboren, die Kontemplation heißt und durch die es möglich wird, sich dieser Willenstätigkeit, die zwar ganz in der Bewusstseinssphäre wirksam ist, aber nie selbst bewusst wird - sich dieser wirklich erkennend bewusst zu werden. Das also ist das Gebiet, das wir Kontemplation nennen könnten. Wenn man es so weit bringt, dass dasjenige, was Willenstätigkeit im Inneren ist - wo der Wille nicht äußerlich tätig wird, sondern in den innerlichen Prozessen wirksam ist -, in das Bewusstsein hineingebracht wird, ist das eine Kontemplation. Rudolf Steiner hat auch einmal in einem Vortrag beschrieben, wie man das unmittelbar tun könnte. In diesen Aufsätzen aber ist es philosophisch beschrieben und wird eigentlich deutlich, dass man da Jahre braucht, um den Willen im Inneren so aktiv zu machen, dass man ihn auch spüren kann.

Aber es gibt also auch einen Vortrag Rudolf Steiners, wo er eine Anregung gibt, dass man eine solche Kontemplation auch direkt machen kann. Und das sind dann immer wunderbare Stellen, denn jeder Mensch, der den Entwicklungsweg geht oder sucht, hat natürlich doch auch das Bedürfnis, zu verstehen, wie man solche Stufen in der innerlichen Entwicklung erreichen kann. Dies ist dann etwas sehr Besonderes. Da beschreibt er auch wiederum, dass man durch Gedankenkonzentration und -meditation zu einem Punkt kommt, wo man eigentlich das Gefühl hat: Ich kann noch bis in die Ewigkeit weiter konzentrieren und meditieren, ich werde nur mich selbst als Geist finden. Ich komme nicht in eine geistige Welt, wo ich auch mit anderen Geistern gesellig zusammen bin.

Er beschreibt dann, dass man versuchen könnte - und das werden wir später als Übung machen -, zu erleben, in welcher Verfassung man ist, wenn man träumt. Das verlangt natürlich bereits etwas. Es geht nicht um den Inhalt des Träumens, sondern um die Tätigkeit. Welches Element ist das, wenn man träumt - kann man sich das erinnernd vor den Geist bringen? Da muss man sich natürlich doch zuerst inhaltlich an einen Traum erinnern und dann versuchen, nicht die Aufmerksamkeit auf das zu lenken, *was* man geträumt hat, sondern mehr darauf, *dass* man geträumt hat. Was geschieht da eigentlich innerlich?

Das ist etwas, was sich auch tagsüber fortwährend abspielt, aber unterhalb oder mehr oder weniger an der Schwelle des Bewusstseins. Das Denken und die Sinneswahrnehmung sind natürlich Inhalt des Bewusstseins, aber Träumen tun wir natürlich auch immer dahindurch, darum herum. Man kann auch versuchen, dieses Tagträumen irgendwie zu erfassen, und man braucht nicht zu viel Angst zu haben, dass man da in der Phantasie endet oder in sie hineingelangt, denn das wird schon durch die inneren Prozesse selbst korrigiert werden. Denn man sagt eigentlich: Bringe mich in dieses Gebiet des Träumens und beleuchte für mich, was eigentlich das Element des Träumens ist.

Und Rudolf Steiner beschreibt: Wir brauchen die Traumbilder, wir wollen sie auch haben, weil dieses Element des *tatsächlichen Träumens* ein unangenehmes Gefühl gibt. Mit dem Denken hat man fortwährend Hunger nach dem Geist, und das gibt ein Streben. Aber hier hat man eigentlich das Gefühl, dass man so gesättigt ist, dass man überhaupt kein Streben hat und eigentlich alles überdecken möchte - und das Überdecken, das sind dann die Traumbilder. Jetzt müssen wir also in dieses Element hineinkommen, wo man das Gefühl hat, es ist mir zu viel - und dies dann doch aushalten. Und wenn das gelingt - und da verwendet Rudolf Steiner wirklich das Wort Kontemplation, dass man es in einem Element aushält, wo die Bilder nicht mehr da sind, sondern wo nur noch das Element, in dem die Bilder sich bewegen, da ist -, wenn man das mit dem konzentrierten Denken zusammenbringen kann, dann ist man bewusst in der geistigen Welt. Dann wird also diese Einsamkeit erlöst, indem man in ein *Willenselement* hineinkommt, wo die Einsamkeit nicht ist, wo dagegen eine ganze Fülle geistiger Wesenheiten und Prozesse, Offenbarungen da ist. Aber man braucht eine Möglichkeit, sich dieses Willenselementes bewusst zu werden.

Das war für mich eine wunderbare Anregung. Denn einerseits haben wir diese Aufsätze in ‚Philosophie und Anthroposophie', wo immer wieder davon gesprochen wird, dass man mit der Entwicklung des Denkens in einer Notwendigkeit steht, man muss diese Entwicklung durchmachen, aber man kommt nicht weiter - und man kommt nicht weiter, weil der Wille, der innerlich erzieht, nicht bewusst wird. Kommt man nun so weit, dass man diesen Willen in das Bewusstsein hineinbekommt, dann wird der Wille so bewusst, dass man weiß: In diesem Willen lebt ein Wesen, das genau weiß, wie es die Bewusstseinsprozesse handhaben muss und wie sich alles da gestaltet, entwickelt und wie alles vorgeht. Das, was da in diesem *Bewusstseinswesen* aktiv ist, das ist eigentlich die geistige Welt. Wenn ich also da hinkommen könnte, dann wäre ich mit meinem verstärkten, geistigen Denken Geist unter Geistern.

Es gibt dann diese erwähnte Stelle im Vortragswerk Rudolf Steiners, wo er konkret einen Hinweis gibt, wie man das auch mehr meditativ machen kann. Und die Worte sind fast gleich - dass man mit dem Denken und der Konzentration und Meditation zwar aus dem Leib herauskommt, aber keine geistige Welt um sich hat. Wie kann man nun danach streben? Dadurch, dass man das Element des Traumes findet. Und wenn man dieses Element mit dem verstärkten Denken zusammenbringen kann, nennt er das eigentlich Kontemplation. Das geht natürlich sehr weit.

Zu den Mysteriendramen gibt es Vorstudien. Da hat Rudolf Steiner schon ganze Abschnitte geschrieben, die er später umgeschrieben hat, die sich geändert haben, aber das ändert nichts daran, dass auch die ersten Fassungen sehr lesenswert sind. Im Mysteriendrama ‚Die Prüfung der Seele' ist Capesius ziemlich ratlos und weiß nicht mehr recht, wie er mit seiner inneren Entwicklung weitermachen soll - und dann kommt ein Spruch, der Meditationsspruch, den er von Benediktus bekommen hat. In der letzten Fassung beginnt dieser Spruch : ‚In Seelentiefen dringe ruhig und Starkmut lass dir Führer sein.' Aber hier in den Vorstudien klingt der Spruch noch anders:

‚*Es werde ruhig in den Seelentiefen*
Gedankenschattenmacht
Und tilge aus den Sinnenschein.
Es dämpfe wie im Schlafesschoß
Gefühl des Zeitenlebens.
Und reifen mög im Herzensgrund
Ein Wille, der des Geistes Samenkraft
In sich als Eigenwesen fühlt.
Du schauest dann aus Geisterhöhn
Das Erdenwesen wissend an.
Du fühlest dich in Geisteswelten.
In Deinem Denken leben Weltgedanken
In Deinem Fühlen weben Weltenkräfte
In Deinem Willen wirken Weltenwesen.
Und aus Weltenfernen tont
Des Schicksals Rätselwort:
Erkenne das Ziel des Lebens.
Und dich im wahren Wesen schauend,
Ergießt die Antwort in Weltenweiten
Das eigne Herz gewaltig sprechend:
Ich selbst, ich bin der Welten Sinn
Es lebt in mir ein Götterplan
Verstehend solcher Worte tiefen Sinn
Erfülle ich das Geistgebot
O Mensch erkenne dich.'[3]

---
[3] Rudolf Steiner, Entwürfe, Fragmente und Paralipomena zu den vier Mysteriendramen, GA 44, S. 198.

Das ist auch eine Möglichkeit - einen solchen Text zu meditieren, um mehr in die Nähe desjenigen zu kommen, was Kontemplation eigentlich ist.

Dann gibt es in den Beschreibungen des Rosenkreuzerweges bei Rudolf Steiner auch noch Stellen, wo er das Wort Kontemplation nicht im Sinne einer Folge - Konzentration, Meditation, Kontemplation -, sondern sinnreich verwendet. Da beschreibt er im Zusammenhang mit der fünften und sechsten Stufe des Rosenkreuzerweges, wie man sich in den Makrokosmos kontemplativ einleben kann, indem man sich auf das *Organ der Kontemplation* konzentriert. Das ist das Innere des Auges, und da kommen wir zur Sonne. Man kann, wenn man sich weit genug geübt hat, so weit kommen, dass man sich wirklich mehr oder weniger leibfrei auf leibliche Organe konzentrieren kann. Und wenn man sich auf das Innere des Auges konzentriert, wird dieses Innere des Auges eins mit der Sonne. *Wär nicht das Auge sonnenhaft...!* Also die Gleichartigkeit des Auges mit dem Sonnenlicht, mit der Sonne selbst, wird dann bewusst, und da hat man das Rosenkreuzerbild für die Kontemplation. Das kann sich noch steigern, so dass letztendlich auch das nicht mehr gilt. Das einzige, was dann noch übrigbleibt, ist die ganze seelisch-geistige Kraft, die die übende Seele eingesetzt hat, um so weit zu kommen, dass nur diese dann noch da ist und komtempliert wird. Und das ist dann die siebte Stufe in der Rosenkreuzeinweihung: die Gottseligkeit.

Dies sind also die Anweisungen, die wir bei Rudolf Steiner für die Kontemplation finden können. Und wie man es auch betrachtet, es ist, eigentlich, immer wieder das Gleiche, was da gesagt wird, nämlich dass die Kontemplation in gewissem Sinne nur ein *Anschauen* ist. Die eigene seelische Tätigkeit ist bis in die höchste Verfassung gebracht, und das einzige, was noch übrig bleibt, ist *Anschauen*.

Das Interessante ist - man findet das im Internet -, dass das Wort Kontemplation eine lateinische Übersetzung des griechischen Theoreia ist. Was wir jetzt unter Theoreia verstehen, ist natürlich etwas ganz anderes geworden, aber zugleich kann man darin, in der Tiefe, natürlich doch noch immer spüren, dass in einer Theoreia eine Anschauung zutage tritt und dass man mit Kontemplation wirklich in die Willenstiefe des Wissens hineinzugehen versucht. Dass das das Allerschwierigste ist, möge klar sein. Dass man nicht so einfach schon am Anfang etwas erreicht, ist natürlich auch deutlich. Aber andererseits kann der Enthusiasmus für so eine Anschauung der Anschauung doch dazu führen, dass es möglich ist, wirksame Übungen zu machen. Und das werden wir nach der Pause miteinander versuchen.

ZWEITE STUNDE

Bern, 8. April 2018

Teilnehmerin: Also ich frage mich - die Menschen haben ja sehr verschiedene Konstitutionen, was die Konzentration betrifft. Die einen können sich relativ gut konzentrieren, und andere haben da Schwierigkeiten, aber andere haben Fähigkeiten. Wenn man sich nicht so gut konzentrieren kann, muss ich viel dafür tun, dass das irgendwie geht, aber mitunter denke ich dann: Es ist ja aussichtslos. Wie geht man mit so etwas um? Oder muss man da einfach beharrlich sein und üben, üben, üben?

MM: Ja, der Vorteil daran, wenn es nicht so leicht geht, ist, dass dann die Willensseite, die Willenserziehung viel stärker sein muss, um auszuhalten, durchzuhalten, trotz allem weiterzumachen. Wenn jemand sich ganz leicht konzentriert, kommt dieser Mensch leicht in eine leibfreie Denktätigkeit hinein, aber das heißt noch gar nicht, dass auch die Willenswirksamkeit stark genug ist, um dann weiterzukommen. Und da liegt meistens ein Problem. Wenn es schwierig ist, sich zu konzentrieren, muss der Wille sich sehr stark anstrengen, um das immer wieder doch zustande zu bringen oder zumindest doch darum zu ringen. Und wenn dann letztendlich - und der Augenblick kommt natürlich auf einmal doch wirklich - das Denken konzentriert genug ist, um außerhalb des Leibes sein zu können, dann ist diese Willenswesenheit meistens viel entwickelter, als wenn es so leicht geht. Es hat doch immer zwei Seiten. Man kann den ersten Schritt leicht machen, aber dann ist der letzte Schritt schwierig. Und wenn der erste Schritt schwierig ist, dann ist der letzte oft gar nicht mehr so schwierig, weil man schon viel dafür getan hat.

Vielleicht kennen Sie den Vortrag *‚Wie finde ich den Christus‘?* Darin beschreibt Rudolf Steiner, dass dieses Problem, dass man sich nicht von sich selbst lösen kann - denn das ist doch eigentlich immer die Schwierigkeit -, damit zusammenhängt, dass es in Gondishapur im 7. Jahrhundert eine Schule gegeben hat, wo die Bewusstseinsseele eigentlich viel zu früh eingesetzt wurde. Es ist zwar damals doch nicht gelungen, das ganz so zu vollziehen, wie es eigentlich gewollt war, aber die Bewusstseinsseele hat doch etwas zu früh eine Möglichkeit bekommen, sich auszugestalten. Und das hat zur Folge, dass wir mehr mit der Leiblichkeit verbunden sind, als gut für uns ist. Das ist etwas allgemein Menschliches, dass wir alle zu sehr mit der materiellen Seite des Leibes verbunden sind. Und das gibt die Schwierigkeit in der Meditation.

Rudolf Steiner gibt den Rat, sich das vor Augen zu führen und dann zu fühlen, dass das so ist, wie schwierig das geht und wieviel Ohnmacht damit zusammenhängt. Und dieses Ohnmachtserleben, in Bezug darauf bittet man dann Christus um Hilfe. Das verstärkt dann die Möglichkeit in der Konzentration, Meditation, da kommt die Kraft her, sich auch wirklich aus dem Leib zu lösen, das tut die Konzentration. Ein weiteres ist noch, zu versuchen, seine Gedanken, also diese luziferisch-ahrimanischen Gebilde, die fortwährend kommen wollen und die Meditation, Konzentration stören, gerade anzuschauen. Wenn man sie anschaut, ist man die anschauende Person, aber *die hat sie dann nicht*. Und dann kann man die Konzentration anfangen. Das ist auch etwas Merkwürdiges - wenn man die ungewollten Gedanken, die fortwährend stören, anschaut, dann können sie eigentlich nicht weiter, weil die Anschauung macht, dass sie nicht mehr entstehen.

Wenn man dann mit der Konzentration anfängt, kommen sie natürlich wieder, aber man kann dann eine Art Akrobatik vollführen, mit der man gerade auf den Punkt springt, wo sie nicht sein können. Und dann die Konzentration anfangen. - Und so gibt es mehrere Möglichkeiten, dem zu entgehen.

JM: Es ist auch wichtig, vor der Konzentration und Meditation in eine richtige Stimmung zu kommen. Man setzt sich natürlich aus dem Alltagsleben heraus hin und möchte meditieren, und alle Gedanken, die man sich tagsüber gemacht hat, sind dann oft stark da. Wenn man zum Beispiel zuerst einen Abschnitt aus der Bibel, oder einen anderen geistreich geschriebenen Text liest, der die Seele in eine andere Stimmung bringt, ist man danach viel besser im Stande, sich zu konzentrieren. Der Übergang ist sonst zu groß. Man muss versuchen, sich in eine bestimmte Verfassung oder Stimmung zu bringen, wodurch das Konzentrieren und Meditieren möglich wird.

Teilnehmerin: Ich habe auch noch eine Frage, und zwar: Der Wille, den man da sucht, ist auch der Wille, mit dem man nach außen wirkt - und wenn man nach außen sehr tätig ist, also wirklich arbeitet, kann es dann sein, dass man nur eine gewisse Menge Wille zu Verfügung hat?

JM:. Du denkst, dass der Wille dann verschwendet ist?

Teilnehmerin erneut: Es geht auch um die Müdigkeit, wenn man sehr gearbeitet hat und dann meditieren möchte - dann merkt man, man hat schon so viel Willen in etwas hineingebracht, und nun ist er lahm.

MM: Es ist nicht so, dass der Wille nicht mehr da wäre oder aufgebraucht ist, sondern mehr, dass er eine Richtung genommen hat, die schwer umzubiegen ist. Er geht ganz nach außen, und jetzt will man ihn in die andere Richtung bringen, da gibt es natürlich Schwierigkeiten. Aber das ist eigentlich wiederum das Gleiche: Dass man sich dann seiner Ohnmacht bewusst werden kann, dass man etwas tun kann, wodurch sich die Stimmung wandelt, und auch eine Bewusstwerdung, dass das so ist.

Teilnehmer: Ich habe die Übung nicht wirklich verstanden, die du von Rudolf Steiner erwähnt hast, wo man den Zustand anschauen soll, wenn man träumt. Das ist ja so eine Zwischenphase zwischen ‚ganz unbewusst' und ‚wach sein'. Und ich habe nicht genau verstanden, warum man das Träumende, den träumenden Zustand, anschauen sollte.

MM: Man ist eigentlich mit dem Träumen dem Willen schon ganz nah. Das Träumen ist aber doch noch halb bewusst. Also da kann man den Willen leichter finden, als wenn man versucht, ganz in das Unbewusste des Willens hineinzugehen. Es ist eine Art von Brücke zu demjenigen, was man durch langjährige Selbsterziehung ebenfalls spürbar macht. Der Erziehungswille wird spürbar. Aber wenn man diese Jahre noch nicht hat, kann man sich durch das Traumerleben doch eine Vorstellung oder sogar ein Erleben bilden.

Teilnehmer erneut: Ist das so ähnlich, wie wenn man beim Aufwachen noch etwas mitnehmen kann aus der geistigen Welt, da eine Erinnerung hat?

MM: Ja, aber hier geht es wirklich um die Verfassung, in der man ist, wenn man träumt. Aber es ist natürlich auch nicht leicht, dahin zu kommen. Darauf ruht unsere Aufmerksamkeit überhaupt nicht. Das hat damit zu tun, dass es in erster Linie etwas Unangenehmes ist, eine Art Übersättigung. Also wir wollen lieber in die Traumbilder hinein und nicht in das Träumen selbst.

JM: Wenn man sich konzentriert und dann zum Meditieren zu kommen versucht, hat man die Neigung, in den Schlaf zu gehen. Man kann versuchen, gerade oberhalb zu bleiben, in das Gebiet des Träumens zu kommen. Das kann auch eine Hilfe sein. Es geschieht natürlich öfter, dass man, wenn man zu meditieren versucht, zu tief geht und in das Schlafen hineingeht. Wenn man aber etwas oberhalb bleibt, ist man in diesem Traumgebiet, das kann man da empfinden.

MM: In den späteren Jahren hat Rudolf Steiner in vielen öffentlichen Vorträgen auch den meditativen Weg geschildert, das ist wirklich wunderbar. Wenn er in irgendeiner Stadt einen Kurs gegeben hat, hat er oft am Anfang einen öffentlichen Vortrag gehalten, und diese gehen meistens darüber: Wie kommt man aus der gewöhnlichen Verfassung im Erkennen zu einem geistigen Erkennen? Das metamorphosiert sich mit den Jahren, und in den letzten Jahren seines Lebens hat er immer wieder darauf hingewiesen, dass man, wenn man Sinnbilder schafft, wie zum Beispiel das Rosenkreuz, man eigentlich den Traum nachahmt. Man hat zuerst ganz ausführlich den Begriff gebildet, und dann wird das in ein Bild umgestaltet. Das tut der Traum immer. Und die Meditation mit Sinnbildern ist eigentlich ein Traum-Nachahmen. Nun hat man das in der übrigen Meditation auch, viel bewusster noch, aber da soll man sich nicht nur in das Bild des Rosenkreuzes vertiefen, sondern auch in die bildschaffende Tätigkeit. Und da liegt eine Ähnlichkeit zu dem, was der Traum tut.

Das Willensdenken muss gefunden werden. Wie denkt der Wille? Nicht, wie soll man das denken, sondern *wie denkt der Wille*. Der Wille - ja, der denkt immer, aber das wissen wir nicht. Und wenn er gefunden werden will, darf man also nicht nur den Denkwillen haben, sondern man muss auch das denkende Wollen haben, wo der Wille selbst denkt. Das ist die Schwierigkeit. Man hat das in der Selbsterziehung - da denkt der Wille. Wenn ich eine Eigenschaft verwandeln will, habe ich den Vorsatz, aber dass das auch wirksam wird, dafür muss der Wille wissen, wie man das macht. Hier im Kopf weiß ich es noch nicht, aber der Wille scheint es schon zu wissen.

Dann kommt es also darauf an, dass man den Denkwillen auch wiederum vergisst. Also der muss auch noch weg. Und dann bleibt nur noch etwas übrig, was wirklich Willenselement ist. Und da ist zuerst natürlich nichts, und dann schläft man vielleicht wieder ein oder wacht wieder auf.

Teilnehmerin: Ich habe auch eine Frage, was das Träumen betrifft. Wenn man meditiert und diesen Willen wirklich aufrechterhalten kann, dann kommt ja dieser Wendepunkt, den du beschrieben hast. Und wenn man das jetzt loslässt, dann strömt doch die geistige Welt sehr schnell herein. Und man würde etwas Falsches erwarten?

MM: Das könnte auch sein, aber es kann auch eine Blindheit verursachen - dass man etwas erwartet und nicht sieht, was wirklich da ist. Aber die größte Schwierigkeit ist die Selbstoffenbarung, die sich in der Meditation fortwährend einmischen will und sich als geistige Welt vorzaubert. Also man hat eine ganze geistige Welt vorgezaubert bekommen, und eigentlich ist das alles Selbstoffenbarung. Das ist in der Phase der Imagination. Wenn dann der Übergang dazu gefunden wird, dass man das Ganze nur noch als Kraft hat - also noch nicht nichts, sondern die Denkkraft -, dann führt diese dazu, dass diese Selbstoffenbarung ganz ausgelöscht wird. Da wird man ganz mager, da bleibt eigentlich nicht viel übrig, nur noch dieser Denkwille, die Denkkraft, und diese sorgt dafür, dass alles, was Selbstoffenbarung ist, zur Ruhe gebracht wird, nicht mehr da ist. Dann wird man erst reif dafür, dass die wahre geistige Welt, die außerhalb des eigenen Selbst da ist, sich offenbart. Das ist das Gebiet des Hüters, da hat man den Hüter der Schwelle, der steht da und lässt die Selbstoffenbarung eigentlich nicht zu. Und man muss sich also so davon befreien, dass es letztendlich soweit kommt, dass der Hüter sagt: Jetzt bist du nur noch Denkkraft, und das kann ich zulassen. Aber alles, was sonst da war, darf nicht mit. - Und dann muss auch diese Denkkraft noch zum Schweigen gebracht werden, damit nicht auch diese noch ein Vorhang vor der geistigen Welt ist, denn es ist noch immer *eigene Tätigkeit*.

Teilnehmerin: Aber es ist auch mit Warten verbunden. Man ist ja aufrecht, man bleibt aufrecht und ist doch wie wartend? Sonst ist ja die Gefahr, dass man wieder heruntersinkt, man ist wie empfangsbereit.

Teilnehmerin: Und dass man weiß, dass man diesen Willen gefunden hat, man kennt ihn doch eben aus dem Tätigsein, man erkennt den Willen wieder?

MM: Wenn man die innerliche Tätigkeit entfaltet, ist das natürlich eine Willenstätigkeit. Diese unterscheidet sich ziemlich stark von der Willenstätigkeit nach außen, weil da ein Objekt in der Außenwelt zieht, und hier zieht eigentlich nichts, hier muss man selbst jedes Mal wollen. Aber man kennt den Willen natürlich.

Teilnehmerin erneut: Du hast gesagt, dass der Wille weiß, wie er einen zu erziehen hat. Ich weiß jetzt nicht, ob ich dich richtig wiedergebe, dass der Verstand es auf jeden Fall nicht weiß?

MM: Der Verstand kann *wissen*, was weise wäre, es umzuwandeln. Aber *wie* das geschehen soll, das ist etwas anderes - und das *weiß der Wille*. Man kann durch die Meditation in dieses Gebiet hineinkommen, und dann weiß man es mehr, aber vom gewöhnlichen Bewusstsein aus weiß man es nicht. Man weiß nicht, wenn man ein Musikstück studiert hat, wie der Wille gewirkt hat, so dass es nach Monaten plötzlich besser geht, oder wie das schwierige Schreiben von Buchstaben letztendlich zu einem geläufigen Schreiben geworden ist. Man weiß, dass es geschieht, aber da hört es eigentlich schon auf. Dieser Wille weiß genau, wie er das machen muss, soll, kann, wie er ist. Und in dieses Gebiet kommt man durch Kontemplation hinein.

Teilnehmer: Kontemplation fängt an, wo man die Kraft des Denkens anschaut. Und diese Kraft des Denkens ist auch Wille, also Kraft, Wille, das ist dann gleichgesetzt. Und bei der Kontemplation kommt man zur Verbindung, also zu Wesenheiten. Also nicht nur Meditation, sondern ein weiterer Weg ist es zur Kontemplation.

Teilnehmer: Du hast die Sonnenhaftigkeit des Auges erwähnt. Wie ist da der Zusammenhang, das habe ich nicht verstanden.

MM: Das zeigt sich, wenn man sich kontemplativ auf das Organ der Kontemplation konzentriert. Das Organ der Kontemplation ist das Organ der Anschauung. Im Leib, wo der Mikrokosmos ist, da ist es das Auge. Mit dem Auge schaut man an. Dann vertieft man sich in das Innere des Organs, und dann zeigt sich die Verbundenheit mit der Sonne. Das lässt sich nicht durch Verstandeslogik bedenken, obwohl es eigentlich doch ziemlich logisch ist, dass das Auge eine kleine Sonne ist und die große Sonne ein großes Auge, ein kosmisches Auge - das kann man sich mit einer spirituellen Logik vielleicht doch noch annehmbar machen. Aber dass es auch *bewiesen* wird, kommt eigentlich erst, indem man es ausführt. Das Schöne ist, dass man ein mikrokosmisches Organ hat, ein leibliches Organ, das mit der Kontemplation eins ist. Wenn wir also hier über Kontemplation sprechen und wenn wir das, was wir als Idee der Kontemplation bilden - wenn diese wirklich ganz stimmte - verleiblichen würden, dann würde es ein Auge werden. So genau muss man das auffassen. Das ist die sechste Stufe, die fünfte und sechste Stufe im Rosenkreuzerweg, wo man die Entsprechungen von Mikrokosmos und Makrokosmos hat. Und das führt dann dazu, dass man sich in den Makrokosmos kontemplativ anschauend einlebt. Dafür braucht man ein Organ, und das Organ ist die kontemplative Anschauung.

JM: Vielleicht hat das auch etwas zu tun mit dem Auge Gottes, das öfter im Dreieck abgebildet wird, hat das auch etwas mit der Kontemplation zu tun?

MM. Ja, bestimmt. Die Kunst bei der Meditation, Kontemplation, ist, dass es *Anschauung* bleibt und nicht *Urteil* wird. Höchstens eine anschauende Urteilskraft. Man könnte in Dankbarkeit annehmen, was sich zeigt, das so verwandelt anschauen, aber das Urteil, was es genau ist, *aufschieben*, vorläufig noch nicht fällen, einfach warten, bis es sich selbst zeigt. Man kann natürlich ahnen, was das ist. Aber mein Erleben ist, dass alles sich umso mehr zeigt, je mehr man selbst mit seinen Auffassungen nicht mittut, eigentlich so viel wie möglich nicht eingreift und es einfach sein lässt, und es kommt und wird immer stärker. Und wenn man es deuten möchte, verfinstert es sich eigentlich wieder.

Teilnehmerin: Darin sehe ich den Zusammenhang mit den Träumen. Im Traum urteilt man nicht, man erlebt, man kann es zwar beobachten, aber man erlebt es, es geschieht.

MM: Das Urteilen kommt erst, wenn man aufwacht. Dann versucht man, es zu erklären oder in Zusammenhang zu bringen oder so etwas. Im Traum ist das gar nicht so, hat man die Möglichkeit eigentlich nicht.

Teilnehmerin: Und von dem her sehe ich, dass der Traum wirklich helfen kann, die geistige Welt so zu betrachten, wie der Traum es uns zeigt.

Teilnehmerin: Hat das dann auch mit Vertrauen in die eigene Wahrnehmung zu tun?

MM: Es kann sehr berechtigt sein, dass man seinen eigenen Wahrnehmungen nicht vertraut. Das ist auch ein Urteil, ob ich meinen Wahrnehmungen vertraue oder nicht, man muss sie einfach sein lassen. Sie zeigen, was sie wert sind. Wenn man sie bewerten will, ist man eigentlich herausgefallen, und wenn man sie annehmen will, eigentlich auch. Einfach sein lassen. Das ist für Menschen sehr schwierig. Wir wollen immer etwas damit.

Teilnehmerin: Wie überwindet man das?

MM: Das kommt durch das Meditieren zustande. Wenn man immer wieder diese Schritte macht, wenn man so weit gekommen ist, dass man vom Inhalt eigentlich absieht, so dass nur noch die Denkkraft an sich da ist, wird es schon nicht mehr so interessant, damit etwas zu wollen oder es zu deuten, denn es ist inhaltlich etwas ganz anders geworden. So lernt man, etwas anzuschauen, ohne weiter etwas damit zu tun. Das ist die Kontemplation. In der Meditation kann man noch mehr selbst darüber denken, sich Fragen stellen und so weiter, aber in der Kontemplation nicht, das ist nur noch, was es ist, ich tue nichts dazu.

Teilnehmerin: Hingabe, das ist auch eine Aktivität.

MM: Ja, natürlich, aber auf der urteilenden Ebene ist nichts mehr da.

Teilnehmerin: Das entwickelt sich auch, dass man in der Kontemplation verweilen kann, oder? Ich habe das Gefühl, das kann ich nur für einen Moment fassen, und dann ist es schon wieder vorbei, aber das ist auch durch das Immer-wieder-Versuchen, da zu verweilen und es zu probieren?

MM: Das ist natürlich doch mit aller Übung so, dass man es *tun* muss, um etwas zu gestalten, was zuvor noch nicht da war.

Teilnehmerin erneut: Aber dass das noch nicht so stehen kann, womit hat das zu tun? Warum kann sich das noch nicht entfalten, vieles ist ja schon in einem drin, oder? Aber irgendetwas in einem hat noch nicht die Kraft.

MM: Die Seele lässt es nicht genügend zu, nicht im Urteilen, nicht im Denken, nicht im Verstand, und so weiter, sondern nur in der Entfaltung in der Willenstätigkeit in der Meditation zu verweilen. Die Seele will allerlei andere Dinge.

Teilnehmerin: Und wenn man das merkt, dass da so ist, dann ist es notwendig, vom Ich her immer wieder die Seele zu erziehen.

MM: Es ist eine gewaltige Hilfe, wenn man eine reale Erkenntnis von seinem Ich erlangt, dass man wirklich weiß, *das ist das Ich in mir.* In dem Aufsatz ‚Philosophie und Anthroposophie' wird der Punkt gefunden, wo das Ich dadurch, dass es sich weiß, sich selbst auch fortwährend schafft und dann vollkommen in der Ichtätigkeit darinnen ist. Dann wird der Punkt gezeigt, wo die Grenze zwischen Ich und Welt, zwischen Ich und dem anderen, nicht mehr da ist, sondern wo *das Ich* diese Grenze dadurch überwindet, dass es in sich selbst *Form und Substanz* ist. Das gibt eine ganz außergewöhnliche innere Kraft, wenn man das nachvollzieht und diese Kraft, wenn man zu meditieren anfängt, spürt oder auferweckt oder mitbringt - ja, dann wird die Meditation etwas ganz anderes, als sie ist, wenn man sich einfach so hinsetzt und versucht, sich zu konzentrieren.

JM: Da war bei mir in der Gegend eine Frage, mit dem Üben anzufangen. Vielleicht ist dies der richtige Moment.

MM: Ja, gut.

Zuerst einen Inhalt zur Konzentration. Und der Inhalt, ich habe ihn vorgelesen, hat zugleich auch dasjenige in sich, was wir suchen, nämlich den Übergang von Traum zu Schlaf, der Punkt, an dem wir noch wach sind, aber zugleich auch schon in den Schlaf kommen - aber in der Meditation wollen wir wach bleiben. Also versuchen wir, diesen Inhalt so gut es geht in der Seele lebendig zu machen, so dass wir versuchen, auch wirklich zu spüren, wie das in der Meditation gemacht werden kann.

Es werde ruhig in den Seelentiefen
Gedankenschattenmacht
Und tilge aus den Sinnenschein.

Das werden wir zuerst konzentriert versuchen zu tun.

*Es werde ruhig in den Seelentiefen
Gedankenschattenmacht
Und tilge aus dem Sinnenschein.*

Wir bitten darum, dass diese Gedankenschattenmacht ruhig werden möge in den Seelentiefen und den Sinnenschein austilge.

(Es wird meditiert).

Es dämpfe wie im Schlafesschoß Gefühl des Zeitenlebens.

Das ist das Nächste.

Es dämpfe wie im Schlafesschoß Gefühl des Zeitenlebens.

(Es wird weiter meditiert).

*Und reifen mög im Herzensgrund ein Wille,
der des Geistessamenkraft in sich als Eigenwesen fühlt.*

(Es wird weiter meditiert).

Und da können wir dann versuchen, uns zu erinnern, wie der Traumzustand ist. Und das nur anschauen.

(Es wird weiter meditiert).

Ein Anschauen, so wie das Wort Kontemplation Anschauen ist, und das tut man natürlich nicht nur mit dem geistigen Haupt, sondern mit dem ganzen Menschen.

Es wird ein Element, wo dasjenige, was man anschaut, und das Anschauen selbst sich vereinigen. Da ist es nicht mehr so, dass man hineingeht und sich wieder herausnehmen muss, um es anschauen zu können, sondern man kann von innen heraus anschauen.

Vielleicht ist es noch hilfreich, wenn ich sage, dass man den Punkt in Rudolf Steiners Leben genau finden kann, wo dies hinzukommt. In seinem ‚Lebensgang' beschreibt er es selbst. Im 36. Lebensjahr hat er eine Umstülpung seiner Fähigkeit erlebt. Zuvor war er vor allem im Ideellen fähig, alles unmittelbar zu erfassen, aber in der sinnlichen Welt hatte er Schwierigkeiten. Er beschreibt dann, dass eine Gabe hinzukam, auch in der sinnlichen Welt alles ganz genau zu erfassen und zu behalten. Und kurz danach beschreibt er, dass sich auch seine Meditation ganz verwandelte. Zuvor hatte er auch schon immer meditiert, aber mehr im ideellen Sinne, das waren ideelle Meditationen, Meditationen in der Idee. Von da an aber bekam er immer mehr das Bedürfnis, nicht nur in der Idee tätig zu sein, sondern mit dem ganzen Menschen zu meditieren, also auch den Willen ganz, voll, mit zu betätigen in der Meditation. Und er beschreibt, wie das eine völlige Verwandlung der Fähigkeit des Schauens in der geistigen Welt gegeben hat und wie auch im äußeren Leben eine Fähigkeit wach wurde, so dass er in der Begegnung mit Menschen immer mehr die Fähigkeit hatte, in der Begegnung ganz intensiv wahrzunehmen, aber absolut keine Urteile oder Gedanken zu haben. Da sieht man, dass die Fähigkeit zur unmittelbaren Anschauung noch viel stärker wird, als sie zuvor bestimmt schon gewesen ist. Ja, man muss sich darin einleben, wie die Gedankenmeditation in eine Willensmeditation umgestaltet wird, wie das zusammenhängt mit der sinnlichen Wahrnehmung, mit der Fähigkeit der reinen Anschauung, mit der anschauenden Betrachtung, mit der nicht urteilenden Betrachtung, und wie dann die Fähigkeit, wirklich die Wesen der geistigen Welt zu schauen, dadurch verstärkt wird.

Danach kommt die Beschreibung von Rudolf Steiners Verhältnis zum Christentum und wie er dann aus eigenem Willen anfängt, sich in das Christentum zu vertiefen. Und zuletzt kommt der Satz, dass er vor dem Mysterium von Golgatha gestanden hat und dass das eine Erkenntnisfeier gewesen ist. Das hängt für mich unmittelbar zusammen. Das sind Schritte in der Entwicklung, die berührend und erschütternd sind.

Das ist es, wo wir uns heute - mit Ohnmacht natürlich - befinden, genau da, wo die gedankliche Meditation sich in eine kontemplative Haltung vertiefen will, wo es nicht mehr darum geht, dass man überdenkt, nachsinnt, mit dem Denken um etwas herumgeht, sondern wirklich die Fähigkeit erlangt, sich zu dem Geistigen so innerlich zu verhalten, wie man das auf Erden tut, wenn man ganz urteilsfrei sinnlich wahrnimmt. *Anschauung.*

Ein Urteil braucht man dann eigentlich auf keinem Feld mehr, nicht in der Meditation und auch nicht auf Erden, denn die Urteile sind anschaulich. Man sieht sie und braucht sie nicht zu bilden.

Teilnehmerin: Kommt das auch dadurch zustande, dass man bei dieser Art von Anschauung so tief eintaucht, dass man eigentlich das andere wird? Dann bleibt nichts mehr übrig vom eigenen Ziel.

Teilnehmerin: Es ist nur so, dass sich viele Wesen, Menschen, gar nicht gerne so anschauen lassen.

MM: Ja, ich habe 25 Jahre Erfahrung als Ärztin, zuerst in einer Hausarztpraxis, wo wenig Zeit ist, da hat man zehn Minuten oder so, und dann ist die Problematik natürlich oft so, dass man die Zeit dann auch braucht. Später habe ich konsultativ gearbeitet. Und ich habe immer das Bedürfnis gehabt, wenigstens zu *versuchen*, so in der Sprechstunde zu sitzen, wie ich es jetzt beschrieben habe. Meine Erfahrung ist doch, dass es nur wenige sind, die das nicht mögen. Die meisten Menschen kommen eigentlich, damit ihnen so zugehört und zugeschaut wird. Und dann kommen beim Arzt auch die Intuitionen, was getan werden muss. Sonst hat man das überhaupt nicht, sonst ist man in einem Zwischengebiet, wo man eine Unsicherheit hat, wie man sich verhalten soll, was man sagen soll, was der andere antwortet, wie er guckt, was er für Symptome hat, ob ich das verstehen kann, ob ich die Diagnose finde usw., usw. - und das ist so unruhig, dass man dann wirklich die Protokolle braucht, um dann noch zustande zu bringen, was zustande gebracht werden will. Man kann sich vorstellen, dass in der Zeit, in der wir leben, diese Protokolle immer mehr notwendig werden, weil die Menschen so nervös sind. Die Patienten wissen viel, und die Ärzte wissen natürlich auch etwas, und die sind auch nervös, und da muss man zu einer Zusammenarbeit kommen. Diese Art, dazusitzen, wenn man es mit Menschen zu tun hat – ja, das ist doch eine Gnade, wenn das geht.

Teilnehmerin: Ja, ich beobachte das auch - ob es Schüler sind oder Erwachsene oder auch alte Menschen. Es ist wirklich von jedem die Sehnsucht, wahrhaft wahrgenommen zu werden. Und da entsteht eine Stille und eine Gnade für beide. Und das ist heute mehr denn je diese Sehnsucht, wo alles so automatisch läuft - da wird sie immer größer.

Wenn wir dann noch weitermachen wollen mit Üben, können wir jetzt im Kontrast zu demjenigen, was wir gemacht haben - aber der Kontrast ist natürlich nur scheinbar -, eine gedankliche Meditation, zuerst eine Konzentration machen und dann versuchen, in die Meditation hineinzukommen. Wir nehmen wiederum den Satz ‚Die Weisheit lebt im Licht'. Zuerst versuchen wir, diesen Satz nur zu denken. Ich meine nicht, dass man ihn nicht fühlen oder wollen darf, sondern dass man keine anderen Gedanken hat als nur ‚Die Weisheit lebt im Licht'. Das ist Konzentration. Das ist das Erste.

Die Weisheit lebt im Licht.

Eine bis ins Unendliche gesteigerte Aufmerksamkeit.

(Es wird meditiert).

Und dann geben wir uns hin, gehen ganz darin auf.

(Es wird weiter meditiert).

Dann sehen wir von dem Inhalt ganz ab und bleiben nur in demjenigen, was von dem Inhalt übrig geblieben ist. Tätigkeit der Aufmerksamkeit und Hingabe.

(Es wird weiter meditiert).

Nun versuchen wir, auch von demjenigen abzusehen, was noch da ist, es auszulöschen oder zu vergessen oder etwas den Blick zu wenden, oder wie man es auch tun kann.

(Es wird weiter meditiert).

Was dann noch übrig bleibt, ist das Willenswesen, das wissend ist. Das ist die geistige Welt.

(Es wird weiter meditiert).

Kontemplation ist das.

(Es wird weiter meditiert).

Gut.

JM: Eigentlich verharrt man dann im Willenswesen. Aber nicht mehr in der Kraft.

MM: Ja, wenn man unmittelbar versucht, nicht zu denken, ohne solche Schritte zu machen, geht das eigentlich kaum. Im gewöhnlichen Bewusstsein kommen die Gedanken doch immer wieder massiv angerollt. Wenn man dann versucht, nicht zu denken, muss man eigentlich schon solche Übungen gemacht haben, dann geht das. Aber es unmittelbar zu tun, das geht allein, wenn man versucht, die Gedanken, die kommen, anzuschauen - dann hört es auf, dann kann man für kurze Zeit nicht denken. Aber sonst braucht es eigentlich eine ganz ausführliche Vorbereitung, um in den Zustand zu kommen, wo man nicht denkt. Wenn der Inhalt losgelassen wird, ist es eigentlich schon nicht mehr ein gewöhnliches Denken, dann ist es die Denktätigkeit, die man denkt. Und wenn man diese auch noch versucht, zur Ruhe zu bringen, dann ist wirklich ein Nichtdenken da.

Das Ganze muss so zur Ruhe gebracht werden, dass das eigene Selbst sich gar nicht mehr regt. Wir begeben uns Schritt für Schritt in eine

Welt hinein, wo das Selbst nicht alles durch seine Tätigkeit überdeckt. Normalerweise ist die geistige Welt ganz überdeckt vom Selbst.

JM: Da kommt man auch zum eigenen Selbst, zum wirklichen Ich.

MM: Wenn man das zur Ruhe bringt, wird es möglich, dass das Ich, das eins ist mit der geistigen Welt, sich offenbart. Und das ist nicht gesondert, das steht nicht so isoliert als selbst in sich. Sondern es wird letztendlich eine differenzierte Einheit, nicht ein auf sich selbst gestelltes Ich, das eine differenzierte Welt um sich herum hat, sondern ein in die geistige Welt hineingegangenes Ich, das in sich die Differenzierungen der geistigen Welt trägt. Es ist wirklich eine Umstülpung, dass man nicht in sich selbst Zentrum ist und alles um sich herum hat, sondern dass man eigentlich Umkreis ist und alles in sich trägt. Und das, was dann das Sich-Fühlen ist, ist natürlich etwas ganz anderes.

*

Dann können wir zum Schluss noch die Übung machen, uns kontemplativ in das Innere des Auges zu versenken, in dem Bewusstsein, dass wir uns damit in ein Organ im Mikrokosmos versenken, das seine Entsprechung im Makrokosmos hat. Je mehr wir das mit Bewusstsein tun können, wird auch ein wirkliches kontemplatives Einleben in den Makrokosmos möglich. Aber es fängt mit dem Mikrokosmos an. Also eine tatsächliche Konzentration, kontemplative Versenkung in das Innere des eigenen Auges. Lasst und das noch einmal wagen.

JM: Kannst du noch einmal von Anfang an sagen, wie wir das machen?

MM: Sich in das Innere des Auges, bei sich selbst, kontemplativ versenken. Wir haben jetzt eine Ahnung, was Kontemplation ist. Diese liegt nicht unmittelbar am Anfang des Weges, aber wir haben jetzt eine Ahnung, und wir können versuchen, uns kontemplativ in das Innere des Auges versenken. Rudolf Steiner sagt: *Das Auge ist das Organ der Kontemplation.* Also wir haben da ein wirkliches Gebilde, das mehr oder weniger aus Kontemplation gemacht worden ist. Versuchen wir das.

Teilnehmerin: Nicht vorstellend?

MM: Nicht vorstellend, wirklich kontemplativ sich da hineinbringen und dann anschauen, Kontemplation.

(Es wird kontempliert).

Teilnehmer: Das hat etwas Ähnliches wie bei ‚Die Weisheit lebt im Licht', eine Ähnlichkeit habe ich empfunden. Es war, wie wenn ich mich zu der Sonne oder zum Licht erhebe. Das hatte ich auch vorhin bei ‚Die Weisheit lebt im Licht'. Ich war nicht sehr aufmerksam darauf, jetzt plötzlich merke ich, es ist das Gleiche. Dieses Sich-Erheben zum Licht, sich ihm zuwenden.

Teilnehmerin: Es ist eigentlich unglaublich zu erleben - diesen Zusammenhang von Kontemplation und Sonne. Die Sonne schaut wirklich alles an, den Verbrecher, den Papst, alles. Ja, das ist wirklich, das habe ich jetzt begriffen, das wirkliche Anschauen, das kontemplative, urteilsfreie Anschauen, was die Sonne hat, beleuchtet alles, beurteilt nicht, und so soll mein Auge werden.

MM: Ja, wunderbar. Es ist auch Schritt sechs in der Rosenkreuzereinweihung. Da gibt es natürlich noch einen ganzen Aufbau, Unterbau, bevor man soweit ist, aber wir wollten heute das Thema Kontemplation besprechen, und da gehört dies wirklich dazu, weil es die leiblich gewordene Kontemplation ist, das Auge. Man könnte sich vorstellen, dass man es auch wieder auflösen kann, dass man das Auge als leiblich gewordene Kontemplation auch wieder auflösen kann und dann wirklich die Kontemplation hat. Das Auge schaut nur und sieht.

Aber ich kann mir vorstellen, dass, wenn man es aktiv versucht, die Konzentration auf ein Leibesteil etwas schwierig ist. Wenn man den Satz nimmt ‚Die Weisheit lebt im Licht' - ja, dann ist es ganz leibfrei, der Inhalt ist leibfrei, und dann kommt man auch leichter mit. Aber jetzt müssen wir das Auge nehmen, und wenn es nicht gelingt, die ganze Kraft der Aufmerksamkeit und Hingabe nur hier zu haben, kann ich mir vorstellen, dass das auch den Körper ergreift.

JM: Es ist doch in der Bibel im Johannes-Evangelium bei der Heilung des Blinden so, dass der Herr dann auf die Augen des Blinden Erde und Speichel tut und sagt, Gehe zum Teich Siloah und wasche deine Augen ab. Dann kommt er zurück, und die Pharisäer sagen: Wie ist das möglich? Und der Herr sagt: Solange ihr sagt, ihr seht, seid ihr blind. Aber er ist sehend, nachdem er blind war. - Das ist beim Auge auch so. Wenn es sinnlich sieht, ist es geistig blind, aber es kann auch geistig sehend sein...

Aus Johannes 9, 35-42:

Die Blindheit der Sehenden

Jesus hörte, dass sie den Geheilten aus der Synagoge ausgeschlossen hatten. Als er den Mann wieder traf, fragte er ihn: „Glaubst du an den Menschensohn?" „Herr, sag mir, wer es ist, damit ich an ihn glauben kann!", erwiderte der Geheilte. „Du hast ihn schon gesehen, und in diesem Augenblick spricht er mit dir!", gab sich Jesus zu erkennen. „Ja, Herr", rief jetzt der Mann, „ich glaube!" Und er warf sich vor Jesus nieder.

Jesus sagte: „Ich bin in diese Welt gekommen, damit sich an mir die Geister scheiden. Die Blinden sollen sehen können, aber alle Sehenden sollen blind werden." Einige Pharisäer standen dabei und fragten ihn: „Soll das etwa heißen, dass wir auch blind sind?" Jesus antwortete: „Wärt ihr tatsächlich blind, dann träfe euch keine Schuld. Aber ihr sagt ja: ‚Wir können sehen.' Deshalb kann euch niemand eure Schuld abnehmen."